京都 嵯峨野 誕生物語

京都ウエストサイド・ヒストリーなび

+5つの時代のウォーキング・なび

NPO法人 さらんネット

この本について

　先史、古代、中世、近世、近代、現代と嵯峨野にも歴史が流れています。
　むかし昔、嵯峨野地区は高燥で水田耕作に適さない、住みにくい土地でした。
　その嵯峨野が今日のように、日本国内だけではなく海外からも称賛を浴びるようになるのは、どのような歴史を経てきたのか？
　郷土に興味を持って、さらに京都・日本をより深く知ってもらうために、そして「嵯峨野」の歴史を日本史全体の流れの中で「確認」するために、この本を企画しました。

　全ての地域は、そこだけで成立するのではなく、他地域との関連があり、影響を受けたり、与えたりして変化・成長して行きます。そのため、他地域との関連や、歴史の流れを掴むために、嵯峨野以外の他の地域（外国も含む）や事柄も、青い罫で囲み小さな文字で紹介しています。少し読み難いかもしれませんが、全体の頁数の関係でご容赦ください。

　歴史の流れを確認し、発掘調査された「カタミ」としての遺跡や史跡を紹介、さらに（公財）京都市埋蔵文化財研究所の加納敬二氏を始め、その道の専門家の方々にお話をお聞きしました。特に、「中世の嵯峨」については、同志社女子大学山田邦和教授の研究の一端をご教示頂き、図版の掲載まで許可して頂きました。

　嵯峨野の歴史を「京都ウエストサイド・ヒストリーなび」として纏めました。そして、古代から中世、近世の五つの時代の代表的な史跡を訪問する「ヒストリー・ウォーキングなび」で、より身近な嵯峨野の歴史を体験して頂きたいと考えています。

NPO法人 さらんネット ガイドブック委員会

京都 嵯峨野誕生物語 次

発刊にあたって … 表2 ／ この本について … 2

京都ウエストサイド・ヒストリーなび

年表／「嵯峨野」こんなこと、あんなこと ……………………………… 4

■ 嵯峨野の範囲と地形、位置づけ ……………………………………… 8
　嵯峨野の範囲／嵯峨野の地形／中世以降の嵯峨

■ 嵯峨野のあけぼの(旧石器・縄文から弥生時代) ……………………… 10
　【旧石器時代】(〜紀元前130世紀頃)嵯峨野にも旧石器時代 …… 10
　【縄文時代】(紀元前130世紀〜紀元前4世紀)温暖化の到来、嵯峨野 …… 11
　【弥生時代】(紀元前4世紀〜3世紀中頃)水稲耕作、嵯峨野への道 …… 14

■ 嵯峨野、成長への準備(古墳時代、飛鳥・奈良・長岡京時代) ……… 18
　【古墳時代】(3世紀後半〜7世紀頃)力と権威の証／嵯峨野古墳群 …… 18
　【飛鳥時代】(6世紀末〜710年)律令制による統一政権へ／秦氏と嵯峨野 …… 24
　【奈良・長岡京時代】(710年〜794年)律令国家の宣言、平安京へ …… 29

■ 嵯峨野、大輪の花開く。禁野と別業、寺院(平安時代) ……………… 32
　【平安時代前期】(794年〜9世紀中頃)律令下の天皇の時代／嵯峨野、禁野と別業 …… 32
　【平安時代中期】(9世紀後半〜11世紀後半)摂関政治の時代／野は嵯峨野、さらなり …… 39
　【平安時代後期】(11世紀後半〜1185年)院政の時代／大寺院空間、嵯峨 …… 42

■ 嵯峨野の揺動・変革期(鎌倉時代から南北朝、室町時代) …………… 46
　【鎌倉時代】(1185年〜1333年)鎌倉殿の政権／後嵯峨上皇・亀山殿 …… 46
　【建武の新政】(1333年〜1336年)朝廷と武家のせめぎあい …… 53
　【室町時代】(1336年〜1573年)京都に幕府を設置／巨大寺院、天龍寺や妙心寺 …… 55

■ 嵯峨野、復興し、力強く変貌(織豊時代から江戸時代) ……………… 68
　【織豊時代】(1573年〜1603年)信長・秀吉が天下統一／嵯峨野復興の兆し …… 68
　【江戸時代前期】(1603年〜1691年)天下泰平の世／嵯峨野の変貌・角倉家 …… 74
　【江戸時代中期〜後期】(1692年〜1853年)発展と動揺／嵯峨野の観光 …… 80
　【江戸時代末期】(1853年〜1868年)幕末の激動期／天龍寺、禁門の変 …… 83

■ 嵯峨野、文明開化の足音(明治時代) …………………………………… 88
　【明治時代以降】(1868年〜　)京都再興の情熱 …………………… 88

■「今の嵯峨野」が誕生したポイント ……………………………………… 94
　参考図書 ……………………………………………………………… 95

● 嵯峨大念佛狂言について ……………………………………………… 96

嵯峨野、ヒストリーウォーキング・なび ……………………………… 98

　その① 古墳時代の嵯峨野を歩く ………………………………… 99
　その② 飛鳥・奈良時代の嵯峨野を歩く ………………………… 100
　その③ 平安時代の嵯峨野を歩く ………………………………… 101
　その④ 鎌倉・室町時代の嵯峨野を歩く ………………………… 102
　その⑤ 江戸時代の嵯峨野を歩く ………………………………… 103

京都ウエストサイド・ヒストリーなび

嵯峨野が誕生した過程を日本史全体との関係で探り、さらに嵯峨野について知っているようで知らなかったことを調べてゆきます。

《年表》

年代	嵯峨野		日本	海外
～紀元前130世紀頃【旧石器時代】	最終氷河期で気温は5度以上低かった			
	菖蒲谷遺跡、鳴滝沢ノ池遺跡など			
紀元前130世紀～紀元前4世紀【縄文時代】	本列島の温暖化、「ムラ」が発生			インダス文明／エジプト文明／メソポタミア文明／黄河文明
	広沢池遺跡など		(青森県) 三内丸山遺跡	
紀元前4世紀～3世紀中頃【弥生時代】	水稲耕作が定着			秦・前漢・後漢／箕氏朝鮮・楽浪郡
	稲作、桂川を北上。(長岡京)雲ノ宮遺跡 (右京区)和泉式部町遺跡		吉野ケ里遺跡 倭国大乱・卑弥呼	
3世紀後半～7世紀【古墳時代】	力と権威の証、古墳がつくられる			晋・五胡十六国・南北朝／楽浪郡・馬韓・辰韓・弁韓
	後期から次代にかけて秦氏関連の古墳		堺市の大仙古墳(仁徳天皇陵)は世界最大の規模	
6世紀末～710年【飛鳥時代】	律令制による統一政権へ			隋・唐／任那・新羅・百済・高句麗
	葛野大堰と灌漑、広隆寺		壬申の乱	白村江の戦い
710年～784年【奈良時代】	平城京遷都			唐／新羅
	秦氏、隠然たる勢力を持つ		藤原氏が権力を持つ／三世一身法・墾田永年私財法	
784年～794年【長岡京時代】	長岡京遷都			
794年～1185年【平安時代】 初期(～9世紀後半) ■天皇の時代	平安京遷都			唐・北宋・南宋／新羅・高麗
	桓武天皇、大堰離宮。嵯峨天皇、嵯峨院。禁野と別業、愛宕信仰		右京の衰退	
	国風文化・寝殿造			
中期(～11世紀後半) ■摂関政治の時代	仁和寺、遍照寺、化野。野は嵯峨野、さらなり		白河・鳥羽・後白河上皇 保元の乱「武者の世」	
後期(～1185年) ■院政時代	嵯峨野、多くの寺院が力を持つ			
1185年～1333年【鎌倉時代】(1333年～1336年 建武の新政)	後嵯峨上皇、亀山殿造営		承久の乱、六波羅探題 鎌倉新仏教／元寇	元／高麗

年代			
1336年〜1573年 【室町時代】 (1336年〜1392年　南北朝時代)	京都五山第一位、天龍寺。 林下代表、妙心寺。 中世都市・嵯峨。 嵯峨大念佛狂言 応仁・文明の乱〈嵯峨野焼失〉	倭寇 京都壊滅、全国に飛び火	明／高麗・朝鮮
	〈戦国時代〉戦国大名、群雄割拠		
1573年〜1603年 【職豊時代】	嵯峨野復興の兆し、 清凉寺本殿、長慶院	天正地割、御土居	明／朝鮮／ 大航海時代
1603年〜1868年 【江戸時代】 前期(〜1691年)	角倉了以、保津川開削・ 嵯峨野の変貌	二条城、参勤交代、 五街道整備	清／朝鮮／ ロシアの南下と アヘン戦争
中期〜後期(〜1853年)	嵯峨野の観光／ 嵯峨野の石高2400石	4大飢饉と3大改革	
末期(〜1868年)	禁門の変と天龍寺	安政の大獄と村岡局／戊辰戦争	
1868年〜 【明治時代】 【昭和時代】	嵯峨野の文明開化		
	新丸太町通開		

「嵯峨野」こんなこと、あんなこと

旧石器時代
P.10 ● 嵯峨野にも約3万年前に人の活動がありました。

縄文時代
P.11 ● 縄文時代、嵯峨野の人々は桂川や御室川で魚などを捕っていました。

弥生時代
P.16 ● 弥生時代、御室川右岸の和泉式部町遺跡で竪穴住居と遺物が出ています。

古墳時代
P.20 ● 6世紀のものとして全国でも有数の古墳群があります。
P.22 ● 古墳時代中期末に嵯峨野を中心に京都盆地最大の新勢力が登場、急速に開発が進みます。

飛鳥時代
P.26、27 ● 秦氏一族は、葛野大堰を造り、一ノ井などで田を灌漑、その碑があります。
P.26 ● 秦氏関係の「蚕の社」の本殿の西側には珍しい形式の三柱鳥居があります。

「嵯峨野」こんなこと、あんなこと

奈良・長岡京時代

- P.29 ● 奈良時代、秦氏は大和朝廷に財力と労働力を提供して、隠然とした実力を持っていました。
- P.30 ● 長岡京遷都と同時に大原野神社が創建されました。

平安時代

- P.34 ● 桓武天皇の大堰行幸の地、大堰離宮は『源氏物語』「松風」にも出てきます。
- P.35 ● 嵯峨野の魅力に火をつけた天皇は、嵯峨天皇です。
- P.35 ● 『源氏物語』の光源氏のモデルは棲霞観の源融です。
- P.36 ● 平安時代前期、嵯峨野は禁野とされました。
- P.40 ● 清少納言が『枕草子』で嵯峨野を紹介しています。
- P.41 ● 龍安寺の朱山に7つの陵墓が集中しています。
- P.43 ● 「嵯峨御流」は生け花の始まりです。
- P.43 ● 清涼寺には、三国伝来の生身のお釈迦様が安置されています。

鎌倉時代

- P.48 ● 小倉山荘の跡が厭離庵、二尊院および常寂光寺に残っています。
- P.49 ● 嵯峨にも朱雀大路という南北の中心道路がありました。
- P.49 ● 後嵯峨上皇が亀山殿(嵯峨殿)を造営。平安初期の檀林寺跡の地です。
- P.49 ● 亀山殿は壮大な寝殿造で、嵯峨御所とも呼ばれていました。
- P.49 ● 兼好法師が『徒然草』のなかで、亀山殿を紹介しています。
- P.51 ● 嵐山の桜は、後嵯峨上皇が奈良の吉野から持ってきました。
- P.51 ● 嵯峨は、亀山殿、釈迦堂、大覚寺を中核とした広大な都市空間が広がった中世都市でした。

「嵯峨野」こんなこと、あんなこと

室町時代

- P.56 ● 禅宗寺院を中心に次々と巨大寺院が現れます。
- P.57 ● 嵯峨野近く花園にある日本最大の禅寺が妙心寺です。
- P.58 ● 現在の嵯峨郵便局辺りに「天下龍門」という門が建っていました。
- P.60 ● 室町時代、都市としての嵯峨の人口は8000〜1万人の大都市でした。
- P.64 ● 京都の「かわらけ」は、手づくね成型にこだわったもので、嵯峨の「かわらけ」は有名。
- P.66 ● 応仁・文明の乱で、嵐山の山頂にあった嵐山城が落城しました。

織豊時代

- P.72 ● 豊臣秀吉により復興、長辻通沿いには民家が並びます。

江戸時代

- P.75 ● 土倉の角倉家と愛宕神社は繋がりがありました。
- P.76 ● 「嵯峨天龍寺角倉町」には角倉稲荷神社と安倍晴明墓所があります。
- P.77 ● 幕末に、淀の豪商、河村与三右衛門の立案で西高瀬川が開かれました。
- P.77 ● 角倉隧道(すみのくらずいどう)は大覚寺の北にあたる北嵯峨一帯の灌漑水源になっています。
- P.78 ● 江戸時代から始まった愛宕講、「伊勢へ七度 熊野へ三度 愛宕さんへは月参り」
- P.78 ● 渡月橋は角倉了以によって現在の場所に架橋されました。
- P.81 ● 江戸の絵師、司馬江漢は「都名所図会」を見て京都・嵯峨野を訪れます。
- P.85 ● 幕末、下嵯峨の材木商・福田理兵衛は長州藩を支援しました。
- P.85 ● 嵯峨の誉れ、村岡局は江戸で西郷隆盛らと親交がありました。

明治時代

- P.90 ● 大堰川から筏で運ばれた丹波材は一旦貯木場で保管。その貯木場跡は嵯峨美術大学です。
- P.91 ● 現在の嵯峨野観光鉄道のトロッコ列車の路線は、明治に完成しています。
- P.92 ● 昭和2年、愛宕山鉄道が建設されます。

嵯峨野の範囲と地形、位置づけ

嵯峨野の範囲

　大まかに、西は小倉山、東は御室川・天神川の少し東、北は朝原山、南は梅津・松尾辺りとします。この範囲は古代の山城(背)国葛野郡に含まれます。

　本書で特に「嵯峨」という場合は、主に中世の都市を考えるときに用いています。

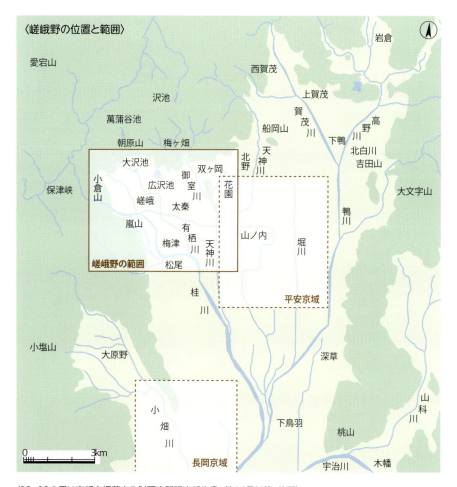

〈嵯峨野の位置と範囲〉

（P8、P9の図は京都市埋蔵文化財研究所調査報告書　第14冊加筆・修正）

嵯峨野の範囲と地形、位置づけ

嵯峨野の地形

　丹波山地の東の端は清滝川の谷を越えて南東に続き、100mの等高線を境にして北限は朝原山、南は平坦で双ヶ岡だけ丘陵として島状に残っています。

　この地域は山裾から全体に北から南に向かって傾斜する地形です。1つは、北寄りの段丘や御室川・有栖川がつくった扇状地で、鳥居本から花園まで続きます。あと1つは、南西部の桂川による氾濫平野で、土地も低く傾斜も緩やかで、旧河道が左岸・右岸に多く確認されています。古くから氾濫が頻発したことが分かります。

　嵯峨野を流れる中小河川は、瀬戸川・有栖川・御室川・天神川いずれも桂川に流入しています。

中世以降の嵯峨

　嵯峨は、平安遷都から今日に至るまで京都を支える経済力圏の一つです。中世都市という観点から見れば、中心部の嵯峨は寺院や水運の地として有数の存在でした。嵯峨の中でも、中世からの町の中心地区は、亀山殿（天龍寺）辺りの下嵯峨でした。
（同志社女子大学教授　山田邦和氏の研究を基に）

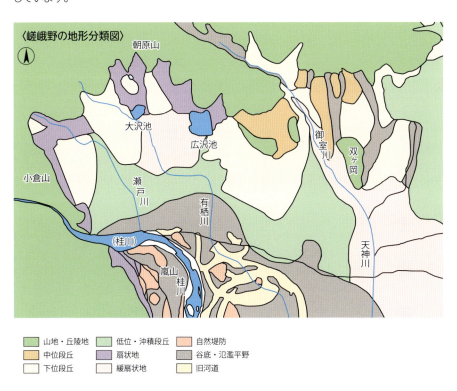

嵯峨野のあけぼの

旧石器・縄文から弥生時代

人類が誕生したのは今から約700万年前から600万年前、アフリカに現れた猿人といわれています。打製石器を作り、火を使い始めたのは約250万年前といわれています。そして今から約20万〜10万年前に、現在の人類の直接の祖先、ホモ・サピエンスがアフリカに現れ、世界各地に広がったといわれています。その頃は氷河期で、日本は大陸と地続きでした。3万年ほど前から日本列島に渡ってきた人たちが、その後縄文時代、弥生時代を築いていきます。

旧石器時代　〜紀元前130世紀頃

嵯峨野にも旧石器時代

京都の地に人が住み始めたのは、約3万年前の旧石器時代です。その頃の日本列島は最終氷河期で、現在より気温は5〜10度位低く、海面が今より下がっていました。北海道と九州がユーラシア大陸につながっており、現在の日本海は湖でした。

3万年前の嵯峨野

　旧石器時代の日本人は、ナウマンゾウやオオツノジカなどの大きな獣を追って、一定の範囲内を移動しながら生活していました。原石を叩き同じ形の石器を作り出してゆく方法でナイフ形石器が作られました。

　嵯峨野にも3万年前に人々が生活していた痕跡があります。広沢池、鳴滝沢ノ池、菖蒲谷辺りといった池畔や丘陵地帯などから旧石器が発見されています。菖蒲谷遺跡ではナイフ形石器やチャート※製の尖頭器の石器が採集され、広沢池遺跡・沢ノ池遺跡からサヌカイト※製のナイフ形石器も採集されています。また、西京区の南春日町片山遺跡、北区の植物園北遺跡などの発掘調査で石器が、乙訓の大枝遺跡ではナイフ形石器のほか、いろいろな種類の石器が見つかっています。

　このように私たちの祖先は列島に住みつき、後世の我々に「痕跡」を伝えています。

※チャート…石英質の硬く光沢のある石材。
※サヌカイト…石器の材料として使われた讃岐石。非常に緻密な古銅輝石安山岩。固いもので叩くと高く澄んだ音がする。

菖蒲谷遺跡（菖蒲谷池畔で採集された石器）

旧石器	縄文	弥生	古墳	飛鳥	奈良	平安	鎌倉	室町	織豊	江戸	明治時代〜
〜紀元前130世紀頃	紀元前130世紀〜紀元前4世紀	紀元前4世紀〜3世紀中頃	3世紀後半〜7世紀頃	6世紀末〜710年	710年〜784年	794年〜1185年	1185年〜1333年	1336年〜1573年	1573年〜1603年	1603年〜1868年	1868年〜

縄文時代　紀元前130世紀頃〜紀元前4世紀

温暖化の到来、嵯峨野

約1万5000年前から氷河期が終わろうとしていました。日本列島は温帯に属し、温帯の樹木が国土をおおい、豊かな自然環境に恵まれていました。縄文時代は約1万5000年前頃から約2300年前頃まで、約1万年以上の非常に長い間続き、徐々に弥生時代に移ります。縄文時代の人々と、その後大陸からやってきた人々が交じり合い、次第に共通の言葉や文化を持つ日本人が形づくられてきたと考えられます。

嵯峨野も環境変化

嵯峨野辺りも草原から森林へと変わり、丘陵から下に広がる盆地を、流れも定まらない河川（現在の桂川）が無秩序に東や南に流れ、照葉樹林のムクノキやケヤキが群生していました。

温暖化によって一年を通じて植物や魚類などが採れるため、農耕や牧畜はまだ始まっていません。朝原山や御室川でウサギやトリなど小動物や魚を捕っていたかもしれません。山や森に住むニホンジカ・イノシシなど行動の機敏な動物を捕獲するため、投げ槍や有茎尖頭器※などを付けた弓矢が使われるようになりました。このような技術によって人々の生活は安定し、定着化が進み始めました。食物を煮炊きしたり保存するための土器も作られました。表面に縄目の模様が付けられたことから、縄文土器と呼ばれています。世界最古の土器の一つです。土器の出現は、人々の食生活に大きな変化をもたらしました。温暖化とはいえ、その頃の人々は底冷えの冬をしのぐため、丘の上に地面を方形に下げた中に4〜6本くらいの大きな柱を建て、草ぶきの屋根をかけた竪穴住居で暮らしていました。この頃は、概ねヨーロッパの新石器時代に当たります。

※有茎尖頭器…縄文時代草創期に使われた石器で有舌尖頭器ともいい、長さ6〜7センチで基部から約四分の一までを舌状につくり柄とした。

北九州末慮国、中原遺跡で復元された日本最古の稲作ムラの竪穴式住居
（ニッポン旅行マガジンより）

縄文深鉢形土器
（岡山・倉敷考古館蔵）

嵯峨野のあけぼの

比叡山から京都盆地に向かっての扇状地

京都盆地の住居跡

　縄文時代の遺跡は、現在の修学院離宮から銀閣寺南辺りの北白川扇状地と呼ぶ台地に、比叡山西南麓遺跡群という西日本有数の縄文遺跡があります。北白川上終北町(かみはて)遺跡や北白川追分町遺跡などの拠点的な集落跡がいくつか見つかっています。

　また、西京区大原野上里遺跡では、縄文時代晩期の10棟の竪穴住居跡と土器棺墓跡が発見され土器や石器とともにマメ類やドングリ等の食物残滓も見つかっています。

　竪穴住居が幾つか集まって「ムラ」が出来ます。縄文時代初め頃はその数はまだ少なく、5、6戸位でしたが、中頃から10数戸のムラもつくられました。ムラの真ん中の広場では共同で仕事や祭事をして、お互いに助け合いながら、あまり貧富の差がない暮らしをしていたと考えられます。

嵯峨野の住居跡

　早期・前期の遺物が(太秦)上ノ段町遺跡(蜂ケ岡中学校内)で出土しており、前期の石器が広沢池遺跡・菖蒲谷遺跡、中期の土坑を嵯峨院跡下層や村ノ内遺跡で、また天龍寺境内下層でも見つかっています。晩期の土器は史跡天龍寺隣接地で出土しています。近年の発掘調査が進めば、さらに増加する可能性があります。

　この頃の人々は太陽や月、雨や風、山や川など生活に恵をもたらす自然を敬い(アニミズム)、大きな破壊力を持つ自然の力を大変恐れました。そして恵を多く受け、自分たちの生活が豊かになるよう祈りました。「土偶(ひとがた)」という人形土器は、その祈りの対象として、作られたようです。京都で伏見区の日野谷寺町遺跡から分銅形土偶が見つかっていますが、残念ながら嵯峨野からはまだ見つかっていません。

~紀元前130世紀	紀元前130世紀～紀元前4世紀	紀元前4世紀～3世紀中期	3世紀後半～7世紀半ば	6世紀末～710年	710年～784年	784年～794年	794年～1185年	1185年～1336年	1336年～1573年	1573年～1603年	1603年～1868年	1868年～
旧石器	縄文	弥生	古墳	飛鳥	奈良	鋼嘛	平安	鎌倉	室町	織豊	江戸	明治時代～

松尾山、手前は桂川

上終町遺跡
京都市内最古の竪穴住居跡(縄文早期)

京都以外の地方、そして世界を見渡すと

　縄文土器については、青森県の大平山元遺跡で縄文草創期1万5000年前の世界最古と言われる土器が発見されました。

　稲作についてはプラントオパール分析法により、約6000年前の岡山県朝寝鼻貝塚から稲作を行っていた証拠が出ました。縄文時代早期から稲作(平地での畑作農耕)が行われていました。

　青森県の三内丸山遺跡が栄えた縄文時代中期・後期(5000年前～3200年前)の頃、世界ではインダス川流域には4500年前頃にインダス文明、ナイル川には5100年前頃にエジプト文明、ティグリス・ユーフラテス川流域には5500年前頃にメソポタミア文明、黄河流域には3600年前頃に黄河文明が生まれ、華開いていた頃です。

　『古事記』および『日本書紀』によれば、「日本国の建国」は紀元前660年(縄文時代晩期～弥生時代前期)に、カムヤマトイワレヒコ(神武天皇)が即位したとなっています。しかし、国家としての日本、日本の民族・文化は、有史以前からの長い年月を経て段階的に形成されて来ていますから、明確な建国の時期を示す記録は存在しません。

約5000年前の巨大集落跡が発見された
「青森県三内丸山遺跡」の復元模型

1500年も続いた縄文時代の集落。大型の竪穴住居や掘立柱建物跡、さらに遠く離れた地域との交流で手に入れたヒスイや黒曜石などが見つかっています。NHKスペシャル『縄文 奇跡の大集落』では、「この縄文文化に、今、世界の注目が集まっている。芸術性の高い土器や神秘的な土偶、数千年の時を経ても色あせぬ漆製品。その暮らしぶりは、世界のどの地域でも見られない、洗練されたものとして、欧米の専門家から高い評価を獲得している。さらに、世界を驚かせているのが、その持続性。縄文人は、本格的な農耕を行わず、狩猟採集を生活の基盤としながら、1万年もの長期にわたって持続可能な社会を作りあげていた。こうした事実は、農耕を主軸に据えた、従来の文明論を根底から揺さぶっている」と、紹介しています。

嵯峨野のあけぼの

弥生時代 紀元前4世紀～3世紀中頃

水稲耕作、嵯峨野への道

縄文時代の終わり頃から、北九州で本格的に水稲耕作が始まります。弥生時代は、前期・中期（約3000年前～1世紀中頃）・後期（1世紀中頃～3世紀中頃）に区分され、最後は古墳時代と重なります。（弥生時代後期には各地で小さな墳丘墓がつくられていました）

※2003年、国立歴史民俗博物館が、放射性炭素年代測定により、弥生土器付着の炭化米測定の結果、弥生時代は紀元前10世紀に始まった、という説が有力になっています。

海流が育んだ稲作伝播ルート

照葉樹林帯と水稲耕作

雲南・チベットから華南（長江流域）・江南、台湾を経て日本の南西部に広がる照葉樹林帯。雨が多く暖かい地域にシイやカシ、クスノキなど常緑の照葉樹が豊かに広がっています。水田を用いた稲作（水稲耕作）は、この照葉樹林帯西のインドアッサム地方かネパールで始まりました。

チベット辺りから東に伝わり江南から暖流（対馬海流※）に乗り、山東半島や朝鮮半島の沿岸を経由して半島南端に伝わり、同時に九州北部にもやってきました。朝鮮半島の北半分は冷帯であるため大陸の麦作文化で、古い時代に朝鮮半島の麦作地帯が同じ文化圏の大陸の国の植民地になっていきます。しかし、朝鮮半島南端では温帯のため稲作が広まり、対馬海峡を挟んで九州北部も同様に広がりました。

北九州から淀川へ

縄文時代後期、今から約3000年前に水稲耕作技術を持った人々が、ゆっくり継続的にやってきます。九州北部に水稲耕作が広がり弥生時代が始まります。

やがて水稲耕作は中国地方の瀬戸内海地域に進出し大阪湾岸へ。畿内の河内平野では約2600年前頃には弥生時代が始まりました。さらに大阪湾岸を経て淀川を遡ってきた人々が、稲作に適した土地を求めて鴨川両岸や桂川右岸などに広がっていきます。

※対馬海流…九州西方沖に分布する黒潮系の水塊と、東シナ海の沿岸水が混ざり合った海水が対馬海峡を通って日本海に流入する暖流である。

稲作、桂川を北上

桂川や鴨川に注ぎ込む中小の河川に面して、水稲耕作に適した湿地がある微高地で生活をしていた跡が見つかっています。伏見区の桂川左岸新高瀬川付近の下鳥羽遺跡や、桂川と小畑川の合流付近の雲ノ宮遺跡（長岡京市）です。雲ノ宮遺跡では弥生時代や古墳時代の集落跡や自然流路が発見されました。近辺には縄文時代から続くムラが多くあって、継続的にやってきた弥生の人々は、先住の縄文の人々に技術を伝えながら、徐々に新たな秩序を作り出していきました。

中期の遺跡として神足遺跡（長岡京市）、後期の遺跡として谷山遺跡（長岡京市）などがあり、桂川右岸を順次北上し羽束師、中久世、下津林、松室などに有力なムラ（集落）が発達しました。この一帯は葛野と呼ばれ、古くから最も発達した地域でした。『古事記』の応神天皇6年（275年）の項に、宇治方面から西を見て「…千葉の葛野を見れば　百千足る家庭も見ゆ　国の秀も見ゆ」とあります。（千葉は葛野の枕詞：葉がたくさん繁る）

~紀元前130世紀	紀元前130世紀〜紀元前4世紀	紀元前4世紀〜3世紀中頃	3世紀後半〜7世紀	6世紀末〜710年	710年〜784年	784年〜794年	794年〜1185年	1185年〜1333年	1336年〜1573年	1573年〜1603年	1603年〜1868年	1868年〜
旧石器	縄文	**弥生**	古墳	飛鳥	奈良	長岡	平安	鎌倉	室町	織豊	江戸	明治時代〜

　各地で本格的に水田耕作が行われ、農耕に必要な道具は集落内で作られました。中久世遺跡では、方形周溝墓とともに、水田で使われた鍬や鋤などの木製農具や稲穂を刈り取る石包丁なども出土しています（鉄器が西日本で広がるのは弥生時代後期から）。ちなみに、鉄製工具などの使用は九州北部では弥生時代初期から中期にかけて広がりました。

　弥生時代でも狩猟と植物採集は行われており、シカやイノシシの骨も出土しています。弥生土器は、縄文土器に比べると簡素で実用的です。人々は竪穴住居に暮らし、1つの住居で4〜5人が生活をしていました。竪穴住居以外に、ムラの周りを見張る物見櫓や、収穫した米を湿気やネズミから守るために高床倉庫や大型の壺に蓄えました。食べるときは臼や杵で脱穀・精米してから甑（大型の蒸し器）を使って炊飯し、高坏や椀に盛り付けました。

雲ノ宮遺跡
長岡京市埋蔵文化財センター（Webサイト：雲宮遺跡より）

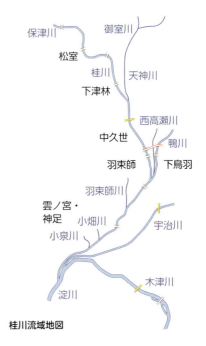

桂川流域地図

桂川　松室辺りの遠景

嵯峨野のあけぼの

嵯峨野での弥生文化

　稲作は、桂川を北上して嵯峨野に到達します。

　嵯峨野辺りは、北は高燥地、南は桂川の氾濫などで水田耕作には余り適していない場所でした。しかし氾濫が繰り返されるため肥沃な土地でもありましたが、当時はそれを制御する技術は持っていません。

　弥生時代中期（約2000年前頃〜1世紀中頃）、御室川右岸の右京区和泉式部町遺跡で竪穴住居が見つかり、その北に位置する村ノ内遺跡でも遺物が出土しています。天龍寺境内の下層で弥生時代の土器が出土し、西野町遺跡では弥生時代と考えられる竪穴住居が見つかっています。しかし弥生時代後期（1世紀半〜3世紀半）の土器が出土していないことから、嵯峨野辺りでは中期を限り集落が廃絶したと考えられています。この時代に金属器が大陸からもたらされました。御室川源流の梅ケ畑遺跡では、丘陵中腹から祭祀遺物としての銅鐸が4基発見されています。

和泉式部町遺跡
竪穴住居群跡（弥生時代中期〜古墳時代）

和泉式部町遺跡
カマドを持つ竪穴住居跡

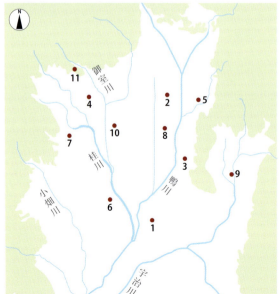

中久世遺跡で見つかった
弥生時代の石包丁
（前頁参照）

1 下鳥羽遺跡　**2** 烏丸御池遺跡
3 法性寺跡下層　**4** 和泉式部町遺跡
5 岡崎遺跡　**6** 中久世遺跡
7 松室遺跡　**8** 烏丸綾小路遺跡
9 中臣遺跡　**10** 西京極遺跡
11 梅ケ畑遺跡

~紀元前130世紀	紀元前130世紀~紀元前4世紀	紀元前4世紀~3世紀中頃	3世紀後半~7世紀	6世紀末~710年	710年~784年	784年~794年	794年~1185年	1185年~1336年	1336年~1573年	1573年~1603年	1603年~1868年	1868年~
旧石器	縄文	**弥生**	古墳	飛鳥	奈良	長岡京	平安	鎌倉	室町	織豊	江戸	明治時代~

日本人の宗教観

わが国に古くからある信仰は、自然に対する畏敬の念です。日本人は狩猟、採集の時代から、食物を育む山や川・海、太陽や月、雨や風など人々の生活に恵をもたらす自然を敬っていました(アニミズム)。同時にときには大きな破壊力を持つ自然の力を大変恐れました。そして恵をより多く受けて、自分たちの生活が一層豊かになるように祈りました。後年、6世紀頃に仏教が伝来しますが、それをきっかけにして、宗教観の再確認が始まります。ありとあらゆるものの働きの中に「神」を感じた宗教観を「神道」として意識するようになります。

『古事記』では「八百万(やおよろず)の神」と表現されています。豊作を祈り、感謝する春・秋の祭りが定着し、干ばつや長雨には回復を神々に祈ります。また、祖先の霊をまつることを大切にしてきました。後の仏教と融合し、お盆や彼岸に先祖を祀るようになりました。縄文時代や弥生時代の遺跡で、住居の周りには土坑墓が発見されています。

神社の祭礼や民間の年中行事だけでなく、新嘗祭(にいなめさい)や皇霊祭(こうれいさい)など皇室の文化や祭祀(さいし)にも表れています。

梅ケ畑遺跡出土の袈裟襷紋(けさたすき)一号銅鐸(高さ29.2cm)
(京都府立京都学・歴彩館)

村落から、「クニ」へ

この頃の中心となったムラは周辺の小さなムラと共に灌漑工事などを行う共同体を作ってゆきます。米作りのための土地や水を巡ってムラとムラとの争いが起こるようになり、豊かで強いムラは、周りの小さいムラを従えていきます。このようにムラが「クニ」へと成長していきました。さらに、他地域の共同体との交流もあり、米の収穫量などの違いから貧富の差が出来はじめました。

『魏志倭人伝』に記された邪馬台国の様子とそっくりな「吉野ケ里遺跡」(佐賀県)は、弥生時代の前期~後期までを通じてムラからクニの中心集落へと発展していく過程が明らかになった遺跡です。

当時先進地域であった北九州地域ではクニは相当数あり、南朝の宋の古文献『後漢書』に、西暦57年北九州にあった奴国王が後漢より金印(福岡県志賀島で発見された「漢委奴国王印」)を受けると記されています。

倭国大乱と卑弥呼

政治秩序の再編の過程で、弥生後期の2世紀後半に日本国内(北部九州から瀬戸内、近畿、山陰)で大規模な争い「倭国大乱」がおこりました。大乱を経た日本列島各地の首長たちは、女王卑弥呼を盟主とする政治連合「邪馬台国」をつくり、卑弥呼は西暦239年に使者を魏に派遣し、「親魏倭王」の称号を得ました。卑弥呼は3世紀半ばに亡くなりますが、その頃から西日本に「前方後円墳」が築かれ始めました。

吉野ケ里遺跡(佐賀県)

嵯峨野、成長への準備

古墳時代、飛鳥・奈良・長岡京時代

紀元前後から石器は姿を消し、鉄器の普及が徐々に本格化します。鉄の道具により生産力が高まり、弥生時代末から古墳時代には各地に有力な首長たちが誕生することになり「クニ」が形成されます。有力者たちは穀物を中心とした富の蓄積や交易を通じて、広域な政治的まとまりを誕生させます。やがて、律令制による中央集権体制の天皇を中心とした連合政権をつくり、壮麗な都城をつくりあげます。

加納先生にお聞きしました。

古墳時代　3世紀後半〜7世紀頃

力と権威の証／嵯峨野古墳群

当時、鉄器を製作するための鉄素材は朝鮮半島でしか採れませんから、広域な結びつきを維持する必要がありました（日本で純粋に砂鉄・鉄鉱石から鉄器を製造出来るようになったのは、6世紀の古墳時代後期に入ってからです）。

大きな丘を持つ墓は弥生時代にもありましたが、それとは比較にならない大きな墳墓が出現します。彼ら首長層が権力の証として、前方後円墳を築きました。前方後円墳に代表される多くの古墳が築かれた3世紀後半から7世紀末を古墳時代と呼びます。古墳時代前期（3世紀後半〜4世紀末頃）は近畿中央部に、中期（5世紀〜5世紀末頃）には西日本中心に、後期（6世紀〜6世紀末）は全国に拡大しました。国内が大和（ヤマト）を中心にまとまったことは、前方後円墳が各地に築かれることと、副葬される銅鏡などが近畿地方を中心として全国に分布していることからも考えられます。前方後円墳が造られなくなった7世紀に入っても、方墳・円墳・八角墳などが造り続けられますが、この時期を古墳時代終末期と呼びます。終末期は次の飛鳥時代と重なります。

人々の暮らし、集落

古墳時代の多くの人々の暮らしは、弥生時代と同じように竪穴住居を中心に営まれていました。集落は、前期から中期にかけては、河川に面する微高地上に集落を営む傾向が強く、後期になると山間部や河川敷などにまで集落が営まれるようになります。これは、水田の開発と密接に関連するためで、後期に古墳群が各地に築かれるようになるのも、新しく水田が切り開かれることと関連があります。

~紀元前130世紀頃	紀元前130世紀~紀元前4世紀	紀元前4世紀~3世紀中頃	3世紀後半~7世紀頃	6世紀末~710年	710年~784年	784年~794年	794年~1185年	1185年~1336年	1336年~1573年	1573年~1603年	1603年~1868年	1868年~
旧石器	縄文	弥生	**古墳**	飛鳥	奈良	長岡	平安	鎌倉	室町	織豊	江戸	明治時代~

葛野郡北西部の地形と飛鳥時代以前の遺跡分布

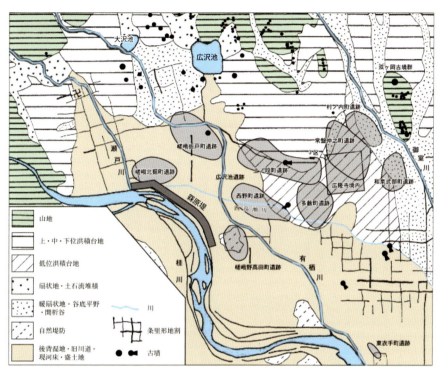

金田章祐『条里と村落の歴史地理学』
(大明堂・1985年) 図2-9「葛野郡北西部の微地形と条里型地割の分布」を転載・加筆

〈古墳の種類〉

円墳　方墳　前方後円墳　前方後方墳　双方中円墳
上円下方墳　帆立貝式古墳　八角墳

時代や身分・地域によって古墳の形は変わる。

嵯峨野の古墳と集落遺跡

古墳は、嵯峨野中心部には、後(P26)で述べるように秦氏の太秦蜂ケ岡(現広隆寺)を中心に、6世紀のものとしては全国でも有数の古墳群が見られます。この辺りを本拠とした秦氏一族の墓といわれています。

前方後円墳(中期～後期)

現在6基の前方後円墳があり、太秦松本町の**天塚古墳**⑪は周囲に濠をめぐらせ首長墓にふさわしい外形を保っています。面影町の**蛇塚古墳**①は全長80mを越える前方後円墳で、内部は巨石を使った横穴式石室です。現在は石室の石組だけ残っています。天塚古墳の近くには清水山古墳(石碑のみ)、これらの西南約400mに梅津段町の**段ノ山古墳**があり、これは嵯峨野の首長墓の古墳の中で最も低いところに位置しています。JR太秦駅近くの**仲野親王陵**⑥(垂箕山古墳)、馬塚町の**太秦馬塚古墳**(ほぼ全壊)が確認出来ます。

円墳(後期)

後期の6世紀後半以降には、常盤御池古墳を始めとする円墳が嵯峨野の丘陵に築造されます。この時期の古墳には、嵯峨野小学校南のマンションに囲まれた中に、**千代ノ道古墳**⑦があります。**山越古墳群**⑱、**甲塚古墳**⑩、**印空寺古墳**⑭、**稲荷古墳**⑯、**広沢古墳群**⑨、**大覚寺古墳群**(**円山古墳**⑫、**入道塚古墳**⑮、**狐塚古墳**②など)、**嵯峨七ツ塚古墳群**⑰などがあります。また、広沢池、朝原山、音戸山、御堂ケ池、双ケ岡などを中心とした山麓・池畔・山腹に密集して築造される群集墳が姿を現します。鳥居本古墳群、**朝原山古墳群**⑧、**遍照寺山古墳群**、**御堂ケ池1号古墳**⑬、住吉山古墳群、三瓦山古墳群、双ケ岡一ノ丘古墳や**双ケ岡古墳群**③④⑤も後期に属しています。

史跡 蛇塚古墳
古墳時代後期の前方後円墳とされてきましたが、最近では円墳の可能性も考えられています。京都府内最大級の横穴式石室(全長17.8m)が残っています。

嵯峨七ツ塚古墳群
古墳時代後期の直径20～30mの円墳です。広沢池から大沢池の間に7基点在していましたが、現在はその内6基が残っています。

~紀元前130世紀	紀元前130世紀~紀元前4世紀	紀元前4世紀~3世紀中頃	3世紀後半~7世紀頃	6世紀末~710年	710年~784年	784年~794年	794年~1185年	1185年~1333年	1336年~1573年	1573年~1603年	1603年~1868年	1868年~
旧石器	縄文	弥生	**古墳**	飛鳥	奈良	長岡	平安	鎌倉	室町	織豊	江戸	明治時代~

① 史跡蛇塚古墳
② 狐塚古墳
③ 双ヶ岡古墳群 1号墳
④ 双ヶ岡二ノ丘古墳群 4号墳
⑤ 双ヶ岡三ノ丘古墳群 19号墳
⑥ 仲野親王墓古墳（垂箕山古墳）
⑦ 千代の道古墳
⑧ 朝原山古墳群 7号墳
⑨ 広沢古墳群 2号墳
⑩ 甲塚古墳
⑪ 史跡 天塚古墳
⑫ 円山古墳
⑬ 御堂ケ池1号墳（京都市指定史跡、移築）
⑭ 印空寺古墳
⑮ 入道塚古墳
⑯ 稲荷古墳
⑰ 嵯峨七ツ塚古墳群
⑱ 山越古墳群

仲野親王墓古墳（垂箕山古墳）
桓武天皇第十二皇子の仲野親王高畠墓とされていますが、当地域の首長墓と考えられています。古墳時代後期に築造されたとみられる全長75mの前方後円墳です。宮内庁書陵部管理で中には入れません。

御堂ケ池1号墳（京都市指定史跡）
古墳時代後期の直径30mの円墳です。北方の御堂ケ池から音戸山（さざれ石山）中腹に移築されています。（見学は京都市文化財保護課へ申込む）

稲荷古墳
遍照寺の北横にある、古墳時代後期の直径20mの円墳です。墳丘頂部に稲荷神が祀られています。

嵯峨野、成長への準備

　集落遺跡は、古墳時代中期(5世紀～5世紀末頃)のものは、天神川流域の太秦安井周辺にある西ノ京遺跡、御室川西の和泉式部町遺跡など桂川左岸から離れた周辺地域や、桂川西岸の松室遺跡など、嵯峨野の縁辺や周辺地域に竪穴住居や土器類が確認されています。しかし、嵯峨野の中心地域では、いまだに竪穴住居は確認されていません。この辺りは常に葛野川(桂川)などの洪水で不安定な地帯でした。保津峡谷を抜け激しく流れるこの川は、古来から暴れ川として知られていました。大雨や台風時にはきまって洪水を引き起こし、流れもその都度変わっています。

　5世紀後半(古墳時代中期末)に入ると、この地を中心に京都盆地最大の新勢力が登場し、急速に開発が進みます。その結果、後期(6世紀～6世紀末)の集落の跡は、広隆寺旧境内とその周辺の右京区の常盤仲之町遺跡、上ノ段町遺跡、西野町遺跡、多藪町遺跡、嵯峨野高田町遺跡など太秦地域に広く見られます。竪穴住居を中心として掘立柱建物もありました。また、平安京右京域(平安京右京域の西端が花園辺り)からは、花園遺跡、妙心寺境内の下層から集落遺跡が発見されています。嵯峨野の西では、大堰川北岸に近い嵯峨遺跡や松尾の松室遺跡などがあります。少し後の飛鳥時代から奈良時代まで続く遺跡です。

上ノ段町遺跡
古墳時代後期の竪穴建物跡7棟と掘立柱建物跡1棟などが見つかった。

常盤仲之町遺跡
1977年の発掘調査で見つかった多数の竪穴住居跡。

松室遺跡の竪穴住居跡

松室遺跡の竪穴住居跡から出土した土器の甕。

ヤマシロ地域の場合

ヤマシロ地域の古墳は、前期から中期にかけて築かれた古墳には前方後円墳が多く、埋葬施設には竪穴式石室が設けられ、銅鏡や鉄剣など権力を誇示するための副葬品が納められていました。

ヤマト政権発祥の地に近い**南ヤマシロ**では、全長180mの大型の前方後円墳である木津川市椿井大塚山古墳が築かれています。この古墳からは、三角縁神獣鏡33面以上の銅鏡が出土しました。

ヤマシロ地域の主な古墳は、4世紀の京都市内最大級の西京区の天皇の杜古墳(前方後円墳、墳丘の上には円筒埴輪など人物や家などの埴輪が並べられていました)。乙訓地域では3世紀後半には向日丘陵に100m級の前方後方墳の元稲荷古墳や前方後円墳の五塚原古墳などが、中期の5世紀には乙訓地域最大規模墓の恵解山古墳(前方後円墳：長岡京市)や今里車塚古墳(前方後円墳：長岡京市)が築かれています。特に、恵解山古墳からは、鉄製の武器など総数約700点を納めた施設が発見されました。古墳からこのように多量の鉄製武器が出土した例は京都府内だけはなく、全国的に見ても非常に珍しいものです。

ちなみに、『日本書紀』には、518年継体天皇が、現在の長岡京市今里付近の弟国宮（おとくにのみや）に遷ったと記されています。(乙訓寺は当時の宮跡とも言われています)

中期の終わりになると、古墳の埋葬施設として新たに横穴式石室が出てきます。この石室により追葬が可能となり、古墳は家族の墓として利用されていきます。後期には松尾、大枝、洛北の岩倉などの盆地周辺の丘陵部に大・小の古墳が数多く築かれます。

集落遺跡は、弥生時代と同じように河川に近い微高地に竪穴住居を中心として営まれていました。住居の中にカマドを設けることや、硬質の須恵器を焼く技術も入ってきました。前期の集落遺跡には北区植物園北遺跡などがあり、ヤマトから移動し定着した賀茂氏との関連が注目されています。

※弟国宮…今から1500年前、葛野郡から分離し新しい郡がつくられた際に、葛野を「兄国(あにくに)」とし、新郡を「弟国(おとくに、乙訓)」としたことによるともいわれている。

西芳寺川古墳群

恵解山古墳

天皇の杜古墳
(bittercup 古墳めぐりより)

元稲荷古墳

世界とのかかわり

長岡京市天神の宇津久志古墳群は中期の古墳群で、出土した副葬品の重層ガラス玉が、長岡京市埋蔵文化財センターによる蛍光X線分析の結果、1〜4世紀のローマ帝国でつくられたローマガラスと同じ成分だとわかりました。これは、ローマ帝国でつくられたものが、日本に伝えられ、古墳に埋葬された可能性が高いことを示しています。この頃、ヨーロッパではゲルマン民族の大移動が始まります。

大阪府堺市にある大仙陵古墳(仁徳天皇陵)は、円筒埴輪や須恵器の特徴から5世紀半ばに築造されたものですが、全長486m・高さ35m・総面積46万㎡という、世界最大の規模です。このことは、当時の日本も高度な土木技術に支えられた文化を持っていたことを示しています。

飛鳥時代 6世紀末〜710年

律令制による統一政権へ／秦氏と嵯峨野

日出ずる処の天子

各地で古墳群を築き勢力を伸ばしていた豪族たちは、同じ血縁を中心に、氏と呼ばれる集団をつくっていました(氏姓制度)。古墳時代中頃の5世紀から6世紀になると、土地や人は「国家のもの」とする中央集権(律令制度)を目指し、ヤマトの大王は中央の有力な氏族(豪族)に、政権内での地位を表す臣、連などの姓を与え、政権内での仕事を分担させました。また、各地の有力な豪族は国造に任命し、地方を治めさせました。いわゆる「飛鳥時代」とは、この時期6世紀末から710年の平城京遷都までをいいます。この頃から、秦氏の活躍が目立ってきます。

蘇我氏と藤原氏

中央集権への道には、氏族から抵抗がありました。その過程で、百済から伝わった仏教が聖徳太子の後押しもあり、大きな役割を果たします。氏族は古墳に代って、寺院の造営に力を注ぎます。ヤマトの飛鳥では6世紀末に、最初の本格的な寺院・蘇我氏の氏寺の飛鳥寺が造られました。それに対して、7世紀初頭には聖徳太子により世界最古木造建築物の法隆寺が建設されました。また聖徳太子は「憲法十七条」を制定し、官僚や貴族に対する道徳的な規範を示しました。

まだ各地の氏族の勢力は強く、特に蘇我蝦夷・入鹿親子の蘇我氏の力は強大で、中央集権を目指すうえで障害となったため、中大兄皇子(後の天智天皇)や中臣鎌足(後の藤原鎌足)らが蘇我氏を滅ぼしました。その後大化2(646)年に改新の詔に基づく「大化改新」を発布しました。以後、飛鳥の氏族を中心とした政治から、後の「武士が台頭」するまで、大王中心の政治へと移ります。

その頃の大陸・隋との関係

大陸では、隋が581年に国内を300年ぶりに統一し、律令制による中央集権体制を作り上げました。聖徳太子は先進の技術や制度を学ぶために、隋に遣隋使を派遣します(600年から5回)。隋では高句麗との戦いで大損害を受けていた時期で、そのような状況を考えた聖徳太子は隋と対等な関係を強調するため、第2回目の遣隋使・小野妹子に「日出ずる処の天子、書を日没する処の天子に致す。恙無しや、云々」で始まる国書を託しました。隋は高句麗遠征など、人々に重い負担をかけたため、反乱がおこり618年唐に滅ぼされました。

天皇、日本、山背

大宝元(701)年、「大宝律令」が完成し全国に向けて施行されました。大王を「天皇」と呼び、国号は倭国から「日本」に正式に改められ、クニグニの表記も統一されヤマシロは「山背」と定められました。

~紀元前130世紀	紀元前130世紀～紀元前4世紀	紀元前4世紀～3世紀中頃	3世紀後半～7世紀頃	6世紀末～710年	710年～784年	784年～794年	794年～1185年	1185年～1333年	1336年～1573年	1573年～1603年	1603年～1868年	1868年～
旧石器	縄文	弥生	**古墳**	**飛鳥**	奈良	長岡	平安	鎌倉	室町	織豊	江戸	明治時代～

嵯峨野の庶民(農民)の暮らし

　律令制がどの程度まで徹底していたかは確定していません。嵯峨野辺りの状況も正確には分かりませんが、律令制下の嵯峨野は山背国葛野郡であり、県主※の賀茂氏などが施行に関係したと思われます。律令国家となり、農民たちにも税制度※下での生活を余儀なくされました。戸籍が作られ6歳以上になると男女ともに田が与えられ、最低限の暮らしは保障されましたが、この時代はまだ安定して米を収穫する技術はなかったため、農耕だけではなく、狩猟もしていたと考えられます。当時の農民の住環境は縄文時代と同様、変わっておらず、竪穴住居に住み、土間に藁を敷いて寝ていました。庶民の年中行事として、稲の出来具合が最も重要であり、春は豊作祈願の祭りが、秋には収穫祭が村人総出で行われていました。

※県主…その地方の豪族が治めていた土地(県[あがた])をヤマト朝廷が掌握し、その豪族をそのままヤマト朝廷支配体制の代権者＝県主とした。

※税制度…「租(そ)」=稲の収穫量の3％を納める。「庸(よう)」=戸籍記載の21歳以上の男性に賦課、布・綿・米・塩など納める。「調(ちょう)」=戸籍記載の17～21歳の男性へ賦課、繊維製品の納入。

古代山背の氏族MAP

秦氏と太秦(『日本書紀』による)

　『日本書紀』によると秦氏は、応神天皇の時(4世紀末)百済から弓月君(融通王)が人々を引き連れて帰化してきたとなっています。日本へ渡ると豊前国に入り拠点としたらしいです。養蚕や土木技術に通じた秦氏の指導者たちは各地に広がり各豪族に使われていました。5世紀後半、雄略天皇は詔を出して秦酒公を秦氏の統率者とし、そして当時の後進地域であったヤマシロ盆地を与えました。彼は感謝して貢物の絹織物をうずたかく積み上げて献納しましたので、禹豆麻佐の称号を賜ったといわれています。これに太秦の漢字表記を当て、この地域を秦氏の本拠にしたと伝わっています。

　そして推古11(603)年、秦河勝は聖徳太子から仏像(国宝第一号の弥勒菩薩半跏思惟像)を授かり、蜂岡寺を建立したと『日本書紀』に記しています。この寺は北野廃寺ともいわれ、現在の広隆寺に繋がります。

葛野大堰と灌漑

　その時期に秦氏は、葛野地方・嵯峨野に到来したと考えられます。それ以前この地域は、賀茂氏※や安曇氏一族の勢力圏でした。その賀茂氏などの豪族と姻戚関係をつくりながら、5世紀末(一説には6世紀末)に葛野地方に定住した秦氏は、制御可能な御室川流域を足場として、先進の土木技術

を駆使し葛野川(桂川)治水を図りました。葛野大堰を築き更に護岸などの大工事で洪水をやわらげ、そして一ノ井、二ノ井で田を灌漑し、新しく鉄製農具を採用し開墾を進めました。その時期は太秦広隆寺が造営される600年前後と考えられます。

桂川流域で農業を営んでいた中小豪族たちは、この大堰の恩恵を受け、早い時期に秦氏が持つ先進技術を教わり、秦氏の同族団に加わりました。また彼らは、秦氏を通じてヤマト朝廷の様々な先進文化を得て、秦氏本家と一族の間に連帯的な繋がりがつくられていきました。

※賀茂氏…賀茂氏の始祖である賀茂建角身命は神武東征の時、八咫烏になって案内したといわれている。代々賀茂社に奉斎し、山城国葛野郡・愛宕郡を支配した。子孫は上賀茂・下鴨の両神社の祠官家となった。また、賀茂県主は同じ山城国を本拠とする秦氏との関係が深い。氏人には鴨長明(下鴨社家)、賀茂真淵(上賀茂社家)がいる。現在も「賀茂県主同族会」がある

嵯峨野の古墳群

桂川の治水・灌漑に成功し、嵯峨野の古墳群を築いた秦氏一族の勢力は、この一帯を支配下におきました。そして、葛野大堰築造・灌漑を期に農業生産はもちろん、養蚕、機織り、金工、土木などの分野で大いに発展します。次の奈良時代には膨大な構成員をかかえ隠然たる勢力を持ち、藤原北家との間に婚姻関係を結んでいきます。嵯峨野丘陵に古墳が盛んにつくられます。先述(P20)のように、嵯峨野中心部の太秦蜂ケ岡(現広隆寺)を中心に、太秦松本町の天塚古墳など中期以降の前方後円墳が盛んに築造されます。7世紀初頭には名勝「双ヶ岡」の一の丘頂上にある1号墳が築かれるなど、古墳群の築造は7世紀初頭まで続きます。また西京区松室遺跡では幅15m以上の大溝が発見されており、葛野大堰との関連が注目されています。

しかし、葛野大堰だけでは桂川の氾濫は完全に解決しません。この後も桂川はたびたび氾濫しました。もっとも、平安京では桂川は氾濫しても、高低差の関係で右京域のみの被害で、他への影響は少なく、左京域は鴨川や高野川の氾濫による被害が大きかったのです。

嵯峨野、古墳から寺院へ

飛鳥時代、仏教伝来以降は古墳に代わって各地の有力豪族たちは、自分たちの精神的支柱と権力誇示のため、その本拠地に寺院を建立しました。またヤマト政権との関係を示すものとして神社もあります。特に太秦・嵯峨野地域に多くある秦氏ゆかりの寺社等は、一族の力の大きさを物語っています。

広隆寺は『広隆寺縁起』に当初の北野白梅町辺りから、寺域拡大のため現在地に移転したと記されています。北野廃寺の発掘調査では、飛鳥時代の遺構や多くの瓦(左京区岩倉の幡枝元稲荷瓦窯の瓦)などが発見されています。

「蚕の社」はもともと土着神の木嶋坐天照御魂神社ですが、養蚕・機織り・染色に優れた技術をもっていた秦氏の氏神となり、本殿の西側には珍しい形式の三柱鳥居が

北野廃寺跡
北野白梅町交差点東北、京都信用金庫前にある。

あります。秦氏の聖地(墓域)の双ヶ岡・松尾山・稲荷山の参拝方位を表したものです。

大酒神社(大避神社)は日本に渡来した功満王(秦始皇帝の後裔、秦氏遠祖)が勧請し、弓月王と秦酒公を合わせ祀られたとする伝承があります。かつて広隆寺の桂宮院内にあり、寺院を守護する伽藍神として祀られていましたが、明治時代、神仏分離政策によって広隆寺から分散し、東隣に大酒神社太秦明神として鎮座しています。10月12日夜の牛祭りは有名で、太秦牛祭として京都市無形民俗文化財に指定されています。

法輪寺は嵐山山麓にあり、寺伝によると紀元300年頃、大陸から移住した秦氏一族の祖神を祀った葛野井宮を、和銅6(713)年に天皇の勅願により僧行基が葛井寺として創建しました。その後空海の弟子にあたる道昌※が、虚空蔵菩薩像を安置し寺号を法輪寺と称しました。

松尾大社は松尾山にある磐座の土着の神霊を秦氏が勧請して、神殿を創建したのが始まりです。賀茂社と共に王城鎮護の神として歴代天皇の崇敬を受け、酒造りの神としても信仰されています。秦氏は嵯峨野以外では伏見稲荷大社も氏神としており、京都の賀茂社にも関わっていました。

大井神社は渡月橋の北にあり、秦氏が大堰川を開拓したとき治水の神として祀ったといわれています。

罧原堤は渡月橋付近から桂川左岸を松尾橋東詰に至る堤防で、秦一族によって治水のために造られました。葛野大堰との関連が考えられます。

一ノ井堰(碑)は大堰川から松尾方面に分流する灌漑用水の取入れ施設で、5世紀に秦氏が造ったといわれています。

※道昌…四国讃岐の秦氏

北野廃寺(築地跡と溝跡)

太秦広隆寺

北野廃寺から出土した
京都市内最古の素弁蓮華文軒丸瓦

①広隆寺 ②一ノ井堰碑 ③松尾大社 ④木嶋坐天照御魂神社(蚕の社) ⑤大酒神社 ⑥大井神社 ⑦法輪寺

嵯峨野、成長への準備

罧原堤(写真中央右の堤防)

三柱鳥居(蚕の杜本殿西)

松尾大社

危機感と国防、そして記紀／万葉集

朝鮮半島では、660年に百済が滅亡しました。ヤマト政権は百済救援のために、唐・新羅連合軍と戦い(663年白村江の戦い)敗北しました。ヤマト政権は深刻な国際的危機に直面します。九州に大宰府を設け、防人をおき水城を築きました。都も近江の大津京に移し天智天皇は豪族を再編成し挙国的な国制改革を進めます。その後、古代国内最大の「壬申の乱」がおこり、最終的に大海人皇子(天武天皇)側が勝利し、新たな制度の構築などが行われ、天武天皇はさらに中央集権制を進めました。

天武天皇は国史の編纂を命じ、まず28歳の稗田阿礼の記憶と帝紀及本辞など数多くの文献を元に、和銅5(712)年『古事記』が編纂されました。『古事記』は、歴史書ですが文学的な価値も非常に高く評価され、日本の宗教文化・精神文化に多大な影響を与えています。

さらに、養老4(720)年に完成した『日本書紀』は対外的な正史として、編まれました。

また、7世紀後半から8世紀後半(奈良時代末)にかけて、最古の和歌集である『万葉集』が編まれました。天皇・貴族から下級官人、防人、女性など様々な身分の人が詠んだ歌4,500首以上集めたもので大伴家持らがまとめたものと考えられています。万葉仮名という仮名文字を使っており、女性、庶民も歌作詩作に容易に参加できました。当時としても日本人の識字率は非常に高かったのではないかと想像されます。識字率の高さは民度のつまり生活程度の高さ、更に国民間の平等性を推定させます。

白村江の戦い(JAPANさいたまより)

~紀元前130世紀頃	紀元前130世紀~紀元前4世紀	紀元前4世紀~紀元前3世紀中頃	3世紀後半~7世紀末	6世紀末~710年	710年~784年	784年~794年	794年~1185年	1185年~1336年	1336年~1573年	1573年~1603年	1603年~1868年	1868年~
旧石器	縄文	弥生	古墳	**飛鳥**	**奈良**	長岡京	平安	鎌倉	室町	織豊	江戸	明治代~

奈良時代　710年~784年

律令国家の宣言、平城京へ

はじめての都城制である藤原京は16年で破棄され、710年奈良盆地に遷都しました。唐の長安を模した平城京の壮麗な都城の建設は、政治機構の拡充とともに、国の内外に律令国家の成立を宣するために必要でした。また、日本で最初の流通貨幣の和同開珎が鋳造されましたが、通貨というものになじみのない当時の人々の間でなかなか流通しません。富と権力を象徴する宝物として使われました。和同開珎の発見地は全国各地に及んでおり、海外の渤海の遺跡からも発見されています。

藤原氏の台頭

　律令制は、公民の耕地は国家から与えられた口分田※が原則です。しかし、奈良時代になると人口が増加し口分田が足りなくなってきます。奈良時代初めの頃に三世一身法※ができ、中頃に墾田永年私財法※が制定され、田畑を子孫に伝えることが認められた、有力氏族の権力は大きくなりました。これを推進したのは藤原氏です。藤原氏を中心とする有力氏族は、力の象徴として盛んに寺院の造営に力を注ぎます。しかし、天皇へ権力を集中させる中央集権を目指すヤマト政権は、橘諸兄等の建議により「国分寺建立の詔」を下し、仏教は「国家鎮護」のものとしました。それに伴い寺院の勢力が大きくなり、政治介入するようになります。

※口分田…律令制において、民衆へ一律に支給された農地。

※三世一身法…墾田(自分で新しく開墾した耕地)の奨励のため開墾者から三世代までの墾田私有を認めた法令

※墾田永年私財法…墾田の永年私財化を認める法令

葛野の豪族、秦氏の躍進

　秦氏は飛鳥時代から、葛野大堰による灌漑、広隆寺といった寺院の建立、蛇塚のような巨大な古墳の築造といったさまざまな活動を通じて嵯峨野を開発しました。その結果、奈良時代には膨大な構成員をかかえ隠然たる勢力を持ち、莫大な富をつくりあげます。と、同時に藤原北家との間に婚姻関係を結んでいきます。平安京遷都の初代造宮大夫として、秦氏と姻戚関係のある北家の藤原小黒麻呂※が都移動先の土地や地形などの調査などを行っています。それが結果的に長岡遷都や平安遷都の際に、河川の改修や都城の造営等で政権に深く影響を与えたと考えられています。また、山背国における古くからの豪族である賀茂県主一族とも早くから姻戚関係を結んでいます。

※藤原小黒麻呂…妻が秦氏出身であり、妻の父親は、秦島麻呂といい、山背国では地元の有力者だった。

長岡京遷都、権力闘争と奈良仏教排除

　皇統は天武系が続いていましたが、色々な権力闘争があり天智系に移った中、天応元(781)年に即位した桓武天皇は仏教勢力の排除を計画。寺院などの勢力が根をはる奈良の地を離れて、心機一転、政治を立て直そうと考えました。そして都は延暦3(784)年、長岡京へと移されます。桓武天皇は、興福寺や東大寺などの大寺院が移転するのは厳禁しました。

嵯峨野、成長への準備

長岡京時代　784年〜794年

長岡京の賑わい

　藤原種継の建議により、遷都した長岡京辺りは、水陸交通の要衝で、淀・山崎という津をもち淀川を下れば瀬戸内海に通じ、木津川・宇治川・桂川を上れば、大和・近江・丹波に直結します。初めての淀川水系の本格的な都でした。前の平城京では物資の運搬は陸路だけでしたが、山崎津を使うことによってこの弱点を解決しました。長岡京造営は急ピッチで進められます。長岡京跡右京第26次調査では、西二坊大路の路面と宅地内で轍が見つかり、この宅地の南側に隣接する今里車塚古墳（古墳時代中期、5世紀頃）の墳丘が削り取られていますので、墳丘の土を荷車で運搬した時のものと思われます。轍痕跡が多く残ることからも、牛車が頻繁に利用されたことがわかります。

　長岡京跡の発掘調査では、碁盤目に整備された道路や、区画された宅地が各所で確認されており、都として充分に整えられていました。出土する大量の遺物の中には、律令制による調（税）として、遠隔地から運ばれてきた土器や荷札木簡も見られ、各地からやってきた多くの人々で大いに賑わう都でした。桓武天皇后の藤原乙牟漏は、出身の藤原氏が奈良の春日神社を氏神としたので、長岡遷都と同時に春日の神を勧請し近郊に大原野神社を創建しました。この都は小畑川や桂川の氾濫・洪水や疫病が相次ぎ、さらに、藤原種継暗殺事件の嫌疑をかけられ憤死した早良親王の怨霊を恐れ、僅か10年で移動。延暦13(794)年、ついに平安京へと都が移されます。

左京第414次調査
東二坊坊間東小路と六条条間南小路の交差点。
左京六条一坊十一、十二、十三、十四町の宅地の様子
((公財)長岡京市埋蔵文化財センター　Webサイトより)

〈長岡京〉

(公財)長岡京市埋蔵文化財センター　解説書より

~紀元前130世紀	紀元前130世紀~紀元前4世紀	紀元前4世紀~3世紀中頃	3世紀後半~7世紀	6世紀末~710年	710年~784年	784年~794年	794年~1185年	1185年~1333年	1336年~1573年	1573年~1603年	1603年~1868年	1868年~
旧石器	縄文	弥生	古墳	飛鳥	奈良	長岡京	平安	鎌倉	室町	織豊	江戸	明治時代~

秦氏、その後

　秦氏は、財力と労働力を提供して、政治を動かしている隠然たる実力者で、中央政界の一線で活躍する事は余りなく、むしろ大和朝廷や律令国家の基部を支える役割を果たした氏族だとされています。

　次の平安時代には、多くが秦氏の子孫として惟宗氏、川勝氏、松下氏等を称するようになりますが、秦氏を名乗る家系(楽家の東儀家など)も多く残ります。惟宗氏からの派生氏族として薩摩島津氏、宋氏、長曾我部氏などがあります。

　東家、南家などは松尾大社の社家に、荷田家、西大路家、大西家、森家などは伏見稲荷大社の社家となりました。稲荷大社は日本全国で最も多く祀られている神社で、数はおよそ3万2千社もあるといい、秦氏の稲荷信仰によって全国に広がりました。『山城国風土記』が秦氏の稲荷信仰の起源を伝えています。

　「はた」の地名は全国的にみられますが、これは秦氏よってつけられたものが多く、波田、羽田、波多、幡などの地名は広く分布しています。また、秦河勝(7世紀の人物)は猿楽(平安時代に成立した日本の伝統芸能、能のこと)の始祖とされ、観阿弥・世阿弥親子も河勝の子孫を称しました。また、金春流も河勝を初世(初代)としています。(P53参照)

渡来人(帰化人)

　朝鮮半島は、ユーラシア大陸の東の端にあるため、古くから様々な系統のアジア人が集まってきました。日本の弥生時代中期の紀元前1世紀末、朝鮮半島南端には、もともとの韓人、ロシア沿海州経由で南下してきた穢人、日本から朝鮮半島南端に渡ってきた縄文人の流れをくむ倭人などの原アジア人がいました。朝鮮半島南端は、照葉樹林帯で稲作中心です。

　紀元前108年、前漢の武帝は朝鮮を漢族の領土として、楽浪等4郡を置きました。特に半島北部の楽浪郡は朝鮮支配の中心で、そこには当時の最新の文化や技術が持ち込まれ、半島南部の馬韓・弁韓・辰韓にも伝わっていました。

　北九州の国々は楽浪郡と交易を行っています。前漢の歴史書『漢書』に、「楽浪郡の近くの海の中に倭人がいる。彼らは百余りの国に分かれており、しばしば楽浪郡に使者を送ってくる」と記されています。

　楽浪郡はその後313年頃、高句麗に占領され、400年間の漢族支配は終わります。朝鮮半島の混乱と戦災を逃れるために、半島南部に居た人々が、何回も分かれて日本に避難したと考えられます。渡来人(帰化人)となり、農業を始めとした先進の技術、仏教をはじめ、さまざまな文化をもたらし、政治・文化の発展に大きく寄与しました。日本の古墳時代中期の頃です。秦氏や東漢氏が知られています。

　『日本書紀』には、古代朝鮮半島南部、伽耶の一部を含む任那にあった倭国の出先統治機関として、「任那日本府」があったと記されています。倭国は半島南部を支配しながら、百済・高句麗・新羅三国の文化を日本に搬出していったのです。

　ちなみに渡来人(帰化人)は、現在の韓国人・朝鮮人(新モンゴロイド系)と同じ民族ではなく、日本人と同じ原アジア人でした。(★2014年、縄文人の核DNAの解析に成功し、原アジア人の生き残りが、縄文人であったことが明らかになった。また、現代日本人は大陸集団と比べて、より縄文人に近縁であることがわかった。加えて、集団間で遺伝子が移動したかを調べる遺伝子流動解析をすることで、現代日本人が縄文人のDNAを受け継いでいることが証明できた。：国立遺伝学研究所　斎藤成也教授／国立科学博物館　人類研究部　神澤秀明研究員)

秦河勝さんの話によると

嵯峨野、大輪の花開く。
禁野と別業、寺院

平安時代

桓武天皇は山背国葛野（かどの）・愛宕（おたぎ）郡にまたがる地域に都を移し平安京とし、山背国を「山城国」に改めました。平安時代の幕開けであり、京都は政治・文化の中心になっていきます。

前期は奈良時代から続く律令制の天皇中心の時代（794年～9世紀後半）、中期は貴族が力を持つ摂関時代（9世紀後半～11世紀後半）、後期は院が実権を持った院政時代（11世紀後半～1185年）です。鎌倉に幕府が開かれるまでの約400年間です。

平安時代前期　794年～9世紀後半

律令下の天皇の時代／嵯峨野、禁野と別業

桓武天皇以下数代においては、天皇が直接政治を行う天皇親政の時代でした。この時期は、弱体化した律令制の再建へ積極的な取り組みがなされました。桓武は王威の発揚のため、当時日本の支配外にあった東北地方の蝦夷征服に傾注します。坂上田村麻呂が征夷大将軍として蝦夷の反乱鎮圧に活躍しました。

桓武天皇、「四神相応、山紫水明の地」を選定。

平安京造営

延暦12(793)年任命された初代造営大夫の藤原小黒麻呂が翌年亡くなり、二代目は和気清麻呂が任命されました。造都工事は土地の収用や造成、河川の整備・築堤、宮殿・官衙の建造等々、また労働力として諸国からの公民百姓の徴発確保・編成などが必要でした。そのため彼ら百姓の負担は大変なものでした。平安京内の発掘調査は1965年から本格的に始まり、精密な測量を行い各道路遺構の位置を確定した結果、平安京の造営精度の高さが証明されました。

『拾芥抄（しゅうがいしょう）*』には平安京の大内裏はもと秦河勝の邸宅跡であるという所伝があります。そのあたりは葛野に蟠踞した秦氏が古くから占拠していた一等地であったと思われ、平安遷都に際しては葛野郡の秦氏の財力・技術力が重要だったと考えられます。

※拾芥抄…中世の百科事典ないしは生活便覧ともいえる書物の一つ。

~紀元前130世紀頃	紀元前130世紀～紀元前4世紀	紀元前4世紀～3世紀中頃	3世紀後半～7世紀頃	6世紀末～710年	710年～784年	784年～794年	794年～1185年	1185年～1333年	1336年～1573年	1573年～1603年	1603年～1868年	1868年～
旧石器	縄文	弥生	古墳	飛鳥	奈良	長岡	平安	鎌倉	室町	織豊	江戸	明治時代～

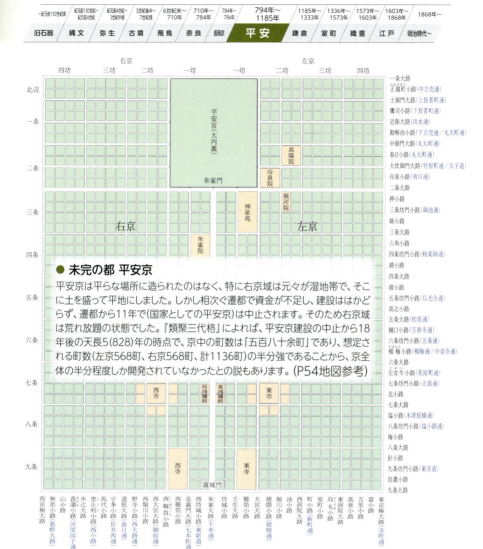

条坊図

● **未完の都 平安京**

平安京は平らな場所に造られたのはなく、特に右京域は元々が湿地帯で、そこに土を盛って平地にしました。しかし相次ぐ遷都で資金が不足し、建設ははかどらず、遷都から11年で(国家としての平安京)は中止されます。そのため右京域は荒れ放題の状態でした。『類聚三代格』によれば、平安京建設の中止から18年後の天長5(828)年の時点で、京中の町数は「五百八十余町」であり、想定される町数(左京568町、右京568町、計1136町)の半分強であることから、京全体の半分程度しか開発されていなかったとの説もあります。(P54地図参考)

昌福堂跡
(建物の基壇北縁の延石)

史跡平安宮跡 内裏跡
(回廊内側の雨落溝跡)

今も生きている大路・小路

1200年以上前に誕生した平安京。その中心部の多くの通りがほぼ場所も変わらず、同じ名前で呼ばれています。

当時の名称から変わったものの主なものを条坊図に(青色)内に記しています。

平安京の街路は、幅約24m以上の大路と幅約12mの小路がありました。ただ朱雀大路は幅約84m、二条大路は幅約50mでした。
(「花の都」Web参照)

嵯峨野、大輪の花開く。禁野と別業、寺院

右京域の衰退と耕作地化

　律令制度の下、親王・公卿はそれぞれの身分に応じて、高位貴族は1町(約120m四方)が与えられました。中小級貴族の家は狭く規模も小さく、また京の一般庶民は一戸主(32分の1町)までの宅地が班給されました。そこに小さな家屋を建て、空き地には野菜などを植えていました。平安初期の高位貴族の邸宅はまだ寝殿造ではありません。京外(嵯峨野など)の公民は国司*の支配に置かれ、戸籍に登録されると口分田が班給されました。そもそも京内では水田耕作は禁止されていましたが、9世紀前半には守られなくなりました。京内の空き地の農地化を禁止する命令が出ました。それでも、右京域は耕作地化が著しく、都市としての衰退は早く、遷都から100年も経たずに空き地が目立ち、水田耕作以外の農業も許されました。奈良時代に続いて、平安京の東南隅に当たる地点に、貧しい人々の救済施設「施薬院」「悲田院」があり、記録によると周辺には施薬院の御倉(倉庫)や高級貴族の別宅がありました。(平成26年、(公財)京都市埋蔵文化財研究所発表)

※国司…朝廷に任命されその国の政務にあたる官吏で、主に諸国における戸籍の作成や租税の徴収、兵士の召集、班田収授などがその役割。

嵯峨野の風景(この辺りは歴史的風土特別保存地区に指定)

広沢池

西郊の道

　長岡京は短期間でしたが、都として諸国から多くの人々が往来する日本の政治・経済の中心地でした。当然そこで政務を行っていた天皇・親王や貴族たちは、鷹狩に行ったり行楽の地を求めて周辺への行幸もありました。長岡京大極殿から北へ山田道を経由しても、10kmの距離にある大堰川辺りの嵯峨野の魅力は知っていたでしょう。そして平安京への遷都により、嵯峨野はより近くなりました。(P8地図参考)

　平安京右京域の西端が、双ヶ岡・御室川辺りになり、太秦安井・花園一帯は右京二条の北辺域に取り込まれました。平安京二条大路(大炊御門大路)から広隆寺南門前に通じる大炊御門大路(現在の太子道に相当)は、平安時代初期には、嵯峨・大堰河畔に通じていました。桓武天皇の頻繁な大堰行幸がこれを物語っています。京から6kmの距離です。

　嵯峨野・大堰河畔が天皇や親王家の離宮・別業地として脚光を浴びたのも、この道(古道)があったからです。

　桓武天皇の行幸の地と考えられる「大堰離宮」(大堰の邸)は、『源氏物語』「松風」に、明石上が母の尼君、娘とともに大堰に住む描写があり、「大井(堰)川のわたりにありける」とあることから、ここが推定されています。その近くには光源氏の御堂(現在の清凉寺付近)があり、1988年に当地で行われた発掘調査で、平安時代前期の建物に伴う園池跡が見つかり、桓武天皇が度々行幸された大堰離宮跡であるといわれています。

嵯峨天皇の影響

嵯峨野の魅力に火をつけたのは、桓武天皇第2皇子神野親王(後の嵯峨天皇)です。漢詩を得意とした天皇で、この地に嵯峨離宮(嵯峨院・後の大覚寺)を建てたのは、中国の隠遁思想に傾倒してのことと思われます。隠遁思想とは世俗を捨て人里離れた山荘で詩画書や清談に耽ることを理想とする文人(教養人)の生き方です。嵯峨離宮(嵯峨院)が出来る頃には、平安宮から双ヶ岡を経由して直接嵯峨院に行く道がつくられました。(嵯峨大路)双ヶ岡東麓の清原夏野※の山荘(後に法金剛院になる)や源常の山荘(ここに天龍寺派源光寺が建立されたという)もありました。

源融の山荘である棲霞観(棲霞寺)は、嵯峨天皇仙洞の嵯峨院の一部として賜ったもので、そののち嵯峨釈迦堂の名で「融通念佛の道場」としても知られる清涼寺となりました。ちなみに、融は紫式部の『源氏物語』の主人公光源氏のモデルともいわれています。

二尊院は嵯峨天皇の勅により円仁(慈覚大師)が建立しました。以後荒廃しますが鎌倉時代初期に、法然の高弟だった湛空らにより再興されます。

"才媛"内親王と"麗人"檀林皇后

小倉山東麓辺りに、かな文字もまだ誕生していない平安時代前期に、女性が漢文を操って男性に伍したという"才媛"内親王といわれた嵯峨天皇の皇女有智子内親王の嵯峨西荘がありました。なお、落柿舎のすぐ西にある陵墓のうえに小祠があり、姫明

史跡大覚寺御所跡 名勝 大沢池附名古曽滝跡
(嵯峨天皇は離宮嵯峨院を建立しました。この離宮を皇孫の恒寂入道親王が9世紀後半に大覚寺としました。)

平安時代の嵯峨野あたり
(京都の歴史①地図 加工・加筆)

棲霞寺跡(清凉寺)
平安時代前期に嵯峨天皇の離宮嵯峨院の西隣に源融の山荘「棲霞観」が営まれました。融没後、寺に改められました。

嵯峨天皇、嵯峨院を造営。

嵯峨野、大輪の花開く。禁野と別業、寺院

神と称されていました。町名は「嵯峨小倉山緋明神町」です。

嵯峨天皇の皇后で類なき麗人であったといわれる橘 嘉智子(檀林皇后)の檀林寺は、京都で最初に禅を講じた寺として知られていますが、皇后の没後急速に衰え平安中期に廃絶しました。鎌倉時代に後嵯峨上皇が亀山殿(嵯峨殿)を造営し、その後室町時代にその跡地に足利尊氏が天龍寺を創立しました。現在の檀林寺は平安期のものとは直接関係ありません。

なお、嵯峨天皇は三筆※の一人である空海に対して深い信頼と帰依を寄せていました。平安京鎮護のため官業として建立した東寺を下賜されました。空海も筆を献じたりして積極的に接近を図っています。最澄の天台宗にも、南都の六宗にもある程度配慮はされていました。

桓武天皇の第3皇子葛原親王の高田別業(嵯峨野高田町)、その近くに仲野親王の別業などもありました。

また梅津周辺では壇林皇后が橘氏一門の氏神として梅宮大社を遷座され、外戚の氏神として扱われました。

※清原夏野…平安前期の貴族・学者。清原家の祖。双ヶ岡大臣と呼ばれた。

※三筆…日本の書道史上の能書のうちで最も優れた3人の並称であり、平安時代初期の空海・嵯峨天皇・橘逸勢。

清原夏野の石碑が建てられた双ヶ岡一ノ丘

禁野と別業(別荘)

桓武天皇は嵯峨野での鷹狩や狩猟を好まれました。鷹狩の途中、大堰離宮や嵯峨離宮に休息を兼ね立ち寄られました。桓武天皇以来、各天皇が狩りを行われましたが平安時代前期の陽成天皇の時、嵯峨野は天皇の狩り場として一般人の狩猟を禁じた禁野とされました。

以後嵯峨野は草花の群生する原野となり、風光明媚なため、天皇や大宮人たちの絶好の行楽地になりました。平安京の西方の郊外になることから別名、西郊と公家達は呼び、貴族・文人などによる山荘・寺院建立が相次ぐ事になります。禁野の制度は山川・樹木の生成や農業の妨げにならないように、守護などの役人を置いて管理していました。しかし、平安末期には自由放任の状態になったようです。

荘園としての嵯峨野

嵯峨院に属する嵯峨荘については、「山城国葛野郡班田図」から平安前期(9世紀)の様子が分かります。史料によると、嵯峨院(大覚寺)から棲霞寺(後の清涼寺)・法輪寺橋(渡月橋=現在の位置より少し上流)に至る地域には2つの建物と農村以外は未開の原野が多く、嵯峨荘の田も高燥で水利条件の良くない場所に立地していました。

梅宮大社

大堰川、水運と舟遊び

　嵯峨野などの郊外も平安京の影響が強く及んできます。平安京を経済的に支えた物資の集積場として、淀津、山崎津、梅津そして大堰津があります。その中でも大堰津は保津川・桂川の水運で、丹波地域から材木、薪などの物資がここに集まります。特に内裏造営材木を供給するという重要な役割がある丹波国・山国郷（現、右京区京北町）は桂川の最上流部にあり、そこから材木を筏組みして川を下り、その材木や薪の荷揚げ地点として嵯峨野の重要性がありました。大堰津から陸上を牛車で、材木運送業者が京まで運びます。この地域を所領として確保していたのは藤原氏など後の摂関家でした。中には大堰川の難所である保津を下る筏師集団の一部を確保するため、輸送に携わる保津筏師を取り込んだ摂関家もありました。しかしこの時代、保津川は急流と巨岩が続き、材木を筏で流していたに過ぎず、丹波からの産物の大部分は人馬頼りでした。この風景が大きく変わるのは約800年後に角倉了以が現れてからです。

　京から嵯峨野を経て法輪寺に参拝するために、承和年間（834年-848年）に僧、道昌が架橋したのが始まりとされる渡月橋は法輪寺橋といわれていました。

　大堰川の舟遊びは寛平10（898）年に、宇多上皇※の嵐山への御幸の頃に始まったといわれています。その後も、詩歌、管弦などに興じた舟遊びが行われていました。毎年5月に行われる車折神社の三船祭はその復元です。

※上皇…太上天皇の略で、譲位により皇位を後継者に譲った天皇の尊号。

大堰川の水運（京都府・保津川の筏流しの歴史より）
（丹波地域からの材木や薪などの物資がここに集まります。）

車折神社の三船祭

嵯峨野、大輪の花開く。禁野と別業、寺院

都城の守護と修験道

　比叡山や鞍馬山が王城の鬼門に当たる東北を守護したのに対し、西北から鎮護したのが嵯峨野の奥北西にある愛宕山山頂の愛宕大権現です。飛鳥時代末期(701年頃)修験道の祖とされる役小角と泰澄(白山の開祖)によって朝日峰に神廟が建立され愛宕神社が創建されました。

　仏教に日本古来の山岳信仰が取り込まれ、日本独特の宗教として修験道が出現してきます。それらの愛宕山伏は、愛宕山を太郎坊天狗の棲む山と称しました。奈良時代に慶俊僧都、和気清麻呂によって中興、愛宕山に愛宕大権現を祀る白雲寺が建立され、修験道の道場として信仰を集めました(愛宕信仰)。

　嵯峨野の南、桂川にかかる久世橋の西北に蔵王堂(光福寺)があります。955年、村上天皇の勅願寺として創建されました。平安京の西南、裏鬼門の地で都を鎮護する役割があり、現在も盂蘭盆会には久世の六斎念仏が行われています。

愛宕山

愛宕神社

鳥居本(愛宕神社一の鳥居)

政治体制変化の兆し ── 嵯峨天皇の勝利によって今の「嵯峨野」がある

　律令制度は9世紀頃から衰退していきますが、律令官職に代わって令外官*(検非違使など)を設け、再建へ積極的な取り組みがなされました。桓武天皇の次代の平城天皇は病弱であったため弟の嵯峨天皇に譲位した後も、執政権を掌握し続けようとしました。平城上皇は平安京を廃して平城京へ遷都する詔勅を出しました。このことは嵯峨天皇にとって思いがけない出来事でありましたが、ひとまず詔勅に従うとして、坂上田村麻呂・藤原冬嗣・紀田上らを造宮使に任命します。嵯峨天皇が信任している者を造宮使として平城京に送り込み、平城上皇側を牽制することが目的と考えられます。また、遷都の詔勅が発せられたことに人心は大いに動揺したといいます。嵯峨天皇は遷都を拒否することを決断しました。対立が深まり最終的には軍事衝突により嵯峨天皇側が勝利しました(大同5(810)年、薬子の変)。

※令外官…大宝律令制定後から平安時代にかけて新設された令に規定のない官職。例えば、検非違使、勘解由使、蔵人頭、征夷大将軍、関白など。

| 旧石器 | 縄文 | 弥生 | 古墳 | 飛鳥 | 奈良 | 平安 | 鎌倉 | 室町 | 織豊 | 江戸 | 明治時代~ |

平安時代中期　9世紀後半~11世紀後半

摂関政治の時代／野は嵯峨野、さらなり

嵯峨天皇は機密漏洩を防ぐため蔵人所（くろうどどころ）をつくり、藤原北家の藤原冬嗣を頭にしました。その子・良房は嵯峨天皇と姻戚関係をつくり、政治権力の集中化を進めます。このように、9世紀の後半頃から、藤原（北家）による摂関政治（摂政、関白による政治）が始まり、律令制の解体が進みます。

摂関政治の台頭

　藤原良房の跡継ぎである基経が朝廷の実権を握り、宇多天皇(887~897年)から大政を委ねられ日本史上初の関白に就任しました。その後、藤原基経が亡くなると宇多天皇は天皇主導の政治を行います（寛平の治）。宇多天皇のもとでは藤原時平と菅原道真*の両者は協力しながら宇多天皇を補佐していました。遣唐使廃止は菅原道真の建議によります。宇多天皇が崩御されると、時平・道真が対立し、道真が九州の大宰府に左遷され失脚し、時平が政権を掌握しました。

※菅原道真…死後天変地異が多発、朝廷に祟りをなしたとされ、天満天神として信仰の対象となる。

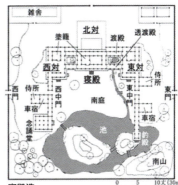

寝殿造

律令の解体、藤原の世

　奈良時代中期に出た墾田永世私財法によって、荘園は増え国家の財政が厳しくなり、平安時代中期(10世紀後半)頃律令制はほぼ解体します。藤原氏を中心とする権門の力が強くなり、摂関政治の時代となります。
　藤原道長が詠んだ歌は有名です。「この世をば我が世とぞ思ふ望月の　欠けたることも無しと思へば」。道長は、嵯峨野の大覚寺、棲霞観にゆき、そこから大堰川畔の紅葉を愛でたりしながら、わが世を楽しみます。

国風文化

　中期以降、東三条殿や高松殿等は豪壮な寝殿造になります。遣唐使廃止以降、日本独特の文化が花開きます。
　服装も十二単衣など日本風のものに変わります。王朝文化はここを舞台に花開きます。華やかな詩宴や管弦、調度類も美術工芸の粋を凝らし、政治・文化の中心である内裏と、これらを上級貴族が取り巻き、機能を分担していました。母屋の外の建物には多くの都市民が出入りし、そこに宿直するものもいました。畿内・近国、全

東三条殿　復元模型（国立歴史民俗博物館）

国の荘園から徴発された人や物も貴族邸宅に集まってきます。
　かな文字が普及し、特にひらがなは貴族の女性に広がり、かなを使った文学が発達します。清少納言の宮廷生活を綴った随筆『枕草子』や、紫式部は女性による世界最古の長編小説『源氏物語』を書きました。また最初の勅撰和歌集『古今和歌集』を紀貫之が編纂しました。また

嵯峨野、大輪の花開く。禁野と別業、寺院

貫之はかなを使った最初の日記文学『土佐日記』を「男もすなる日記といふものを、女もしてみむとてするなり」と、書き手を女性に仮託した作品を著しました。このように、わが国独自の優美で繊細な貴族文化、国風文化が発達しました。

（さらに時代を経て明治維新の頃、西洋の新しい概念や科学技術を採り入れ近代化を図るために、福沢諭吉などの有識者は既存の漢字を組み合わせ「造語」を編み出しました。例えば、「人民」「自由」「経済」「電気」「共和国」「情報」「銀行」「革命」など、これらの言葉が今度は中国語へと逆に輸出されています。）

平安京の荒廃、右京域廃れる

平安時代中頃に地方で武士の反乱がおき、朝廷の貴族を震撼させました。関東では平将門の乱、瀬戸内海では藤原純友の乱です。朝廷は平貞盛・藤原秀郷・源経基らを派遣し鎮圧させましたが、武士の存在が見直され、彼らは中級貴族に取り立てられました。

時代が経るにつれて平安京では、疫病の流行、物価の高騰、盗賊の横行、大規模な火災、洪水など発生します。左京域の上辺は人家が集中し、貴族の邸宅と各官衙宿舎の大部分がこの地域にありますが、右京域は低湿地と蚊の媒介により温帯性マラリアが大流行し、次第に住宅も道路が姿を消し田園地帯になって行きます。左京域の方に人々が移り住みます。右京域の発掘調査では、11世紀頃から耕作に伴う小溝が多く見つかっており、京内で作物の栽培が行われたと考えられます。

朱雀大路そのものの一部は放牧場化したり、大路の一部が削り取られたりして耕作化が広がっていきます。こうした変化に伴って推定人口約12万人強の大都市・平安京は大きく姿を変えます。

庶民の生活

左京域に大邸宅がありましたが、一般の人々は町屋で暮らしていました。左京は、室町小路を南北の軸として、商工業の中心地としてさらなる発展を遂げます。多くの職人が居住していました。東市は賑わい、そこでは商品が集散していました。この頃、東市以外でも商売は認められていたので、道路に面して建てられた店舗兼用住宅の小屋のような町屋が立ち並び、次第に条坊制は崩れていきます。

平安京の町屋（「年中行事絵巻」より）

野は嵯峨野、さらなり

禁野となった嵯峨野は、皇族や貴族が遊猟し、春は若菜を摘み、夏は蛍を、秋は女郎花を始め萩・桔梗などが咲き乱れ、冬は雪を楽しむ風流な土地になり、平安貴族に親しまれていました。嵯峨野の草花はまた屋敷内の前栽用として、すだく虫も採取され声を楽しんだりしていました。

清少納言は『枕草子』に「野は嵯峨野、さらなり」とあげています。

また『源氏物語』にも度々登場します。例えば、『源氏物語』「賢木」の巻の舞台とされ、謡曲「野宮」の題材ともなった野宮神社などが出てきます。野宮はその昔、天皇の代理で伊勢神宮にお仕えする斎王が伊勢へ行かれる前に身を清められたところです。嵯峨野の清らかな場所を選んで建てられた野宮は、黒木鳥居と小柴垣に囲まれた聖地でした。現在は、嵯峨野巡りの起点と言われいています。

野宮神社（撮影：和田弘）

嵯峨野、寺社や墓地

京内には官寺である東寺・西寺以外は認められていません。比叡山の延暦寺、醍醐寺、仁和寺、神護寺など京外に次々建立されます。神社では上賀茂・下鴨の2つの賀茂社、伏見稲荷大社、松尾大社などで、平安遷都以前からの歴史を持つ名社として崇敬されました。

仁和寺と御室

〈嵯峨野が禁野になった6年後〉仁和4(888)年、宇多天皇によって仁和寺の落慶法要が営まれ、延喜4(904)年に寺院の南に居室を設け「南御室」と称しました。御室仁和寺の名称はここからです。先述したように(P39)、宇多天皇は9世紀末の藤原北家隆盛の中で「寛平の治」を行い藤原氏の専横を避けました。別荘では王朝貴族たちは春ごとの花宴を持ちましたが、御室の桜として今も愛でられている仁和寺の里桜は、天暦(10世紀中頃)の頃に有名になりました。

仁和寺の南、花園に法金剛院があります。平安時代の貴族である清原夏野が山荘を営み、死後この山荘は寺に改められましたが衰微し、院政期(平安後期)に鳥羽天皇中宮の待賢門院藤原璋子により法金剛院が再興されました。

広沢池畔では遍照寺が建立されました。池畔には多宝塔、釣殿等、数々の堂宇が並ぶ広大な寺院でしたが、応仁・文明の乱で廃墟と化します。しかし、奇跡的に難を逃れた赤不動明王像と十一面観音像(いずれも国指定の重要文化財)は草堂に移され、江戸時代後期に復興しました。

京外で化野念仏寺

墓地は、京内での埋葬は禁じられていましたので、京外に墓地をつくりました。嵯峨野や仁和寺周辺と山稜には平安時代の天皇陵が多くみられ、特に龍安寺裏の朱山には七陵が集中しています。

民衆の墓地は、鳥辺野、蓮台野、そして化野の3か所でした。都が置かれた平安京はとても華やかな印象がありますが、それは一部の貴族だけの話で、庶民(農民)は貧しい暮しでした。住居は小さな板ぶきの掘立柱小屋であり、彼らの生活は飢えとの戦いでした。飢饉にでもなれば、道端に行き倒れとなった人々の遺骸がそのままにされ、そのため疫病が流行し、さらに死者の数が増えるという悪循環でした。平安初期、空海が密教の5つの知恵をそなえた五智山如来寺を建立し、野ざらしになっていた遺骸を埋葬します。その後荒廃し、鎌倉時代に法然上人が念仏道場として再建しました。寺名は華西山東漸院念仏寺と改められ、以降、人々から化野念仏寺と呼ばれるようになりました。

このような悲惨な状況は、日本に限らず、世界ではもっと起こっています。例えば、800年頃のローマ市の人口は主に飢饉とペストにより90％以上減少。9世紀末、唐では飢饉により農民反乱が勃発し黄巣が首都を占領。1005年、イングランドで飢饉が発生しブリテン島では中世に95回の飢饉。人類の歴史は飢饉との戦いの歴史でもありました。

史跡仁和寺御所跡
光孝天皇の勅による御願寺で、9世紀後半に子息の宇多天皇により創建された寺です。出家後宇多法皇が居所としたことで御室御所と呼ばれました。

嵯峨野、大輪の花開く。禁野と別業、寺院

平安時代後期　11世紀後半〜1185年

院政の時代／大寺院空間、嵯峨

藤原道長の息子・頼通の娘に皇子が誕生しなかったため摂関家の力が弱まります。応徳3（1087）年、白河天皇は8歳の息子・堀河天皇に皇位を譲り、自ら上皇（院）として自分の御所に院庁という組織をつくり、天皇の父として政治の実権を握りました。白河上皇の院政の始まりです。鳥羽上皇（1129年〜56年）、後白河上皇（1158年〜79年・81年〜92年）と100年余り続き、次の時代がやってきます。

白河上皇、鳥羽上皇と京都

白河上皇は院の側近集団として、源氏や平氏などの軍事貴族を支配下におきました。また軍事力として有能な武士を集め「北面の武士」を創設しました。鴨川の東岸、岡崎から白河の地に法勝寺を造営し、以降の5代の天皇が在位中に「勝」の付く六勝寺を建立します。また、羅城門から南下する洛南の鳥羽に後院（鳥羽離宮）の造営をはじめました。

11世紀後半から12世紀中頃に、洛東の白河、洛南の鳥羽で大規模な造営工事が行われ、政治の中心が平安京洛外の白河に移り京白河と呼ばれ、平安京の呼称は「京都」と呼ばれるようになりました。

白河街区跡
区画溝跡や井戸跡が見つかりました。

武者の世

平安時代末期の保元元（1156）年皇位継承問題などの朝廷内の内紛、後白河天皇と崇徳※上皇の分裂に、源氏と平氏の武力が加わった政変、保元の乱がおこります。首都・京都の東、白河で公然と市街戦が行われ、『愚管抄』では保元の乱から「武者の世」が始まったと述べています。

乱に勝利した後白河天皇は、荘園整理と寺社対策を進め、京都の整備に強い意欲を示しました。しかし退位後、平氏と源氏の争いが起こり（平治の乱）、平清盛が勝利することにより、平氏が権勢を強めます。六波羅邸と西八条第を拠点として、武家政権の道が進みます。

※崇徳上皇…保元の乱で敗れ、隠岐に流された。死後、怨霊と化して、たびたび朝廷に祟りをなした。幕末、戊辰戦争の時、崇徳上皇の怨霊が邪魔しないように明治天皇は京都の白峯神宮を創建した。

法勝寺（八角九重塔）跡
一辺12〜14mの八角九重塔地業跡、大きな石と粘土を用いて地盤改良を行っています（京都市動物園内）。

嵯峨野、別業から寺院へ

　嵯峨野では、多くの別業が営まれていましたが、平安時代中期以降には、廃れたり寺院や道場になったりします。嵯峨院は嵯峨天皇の崩御後に大覚寺に、棲霞観が棲霞寺になり、皇后の檀林寺は荒廃しますが、遷都以前からの広隆寺、願広寺(安養寺－秦氏によって建立された広隆寺末寺の尼寺－嵯峨天皇が名を改める)、葛井寺(法輪寺)は法灯が続いています。

　大覚寺の境内にある大沢池は、深く平安文化とかかわっています。例えば、生け花の始まりといわれている「嵯峨御流」。嵯峨天皇が大沢池に咲く菊を手に取り、活けたことから始まったとされるこの流派は、今も多くの人たちに愛されています。

　当時、貴族たちは大沢池に舟を浮かべ、水面に映る月を眺めながら、雅な観月の夕べを楽しんでいました。

　平安時代中期、白河天皇の勅願寺として建立され、室町幕府2代将軍・足利義詮と南朝の忠臣・楠木正行の菩提寺である「宝筐院」があります。

　平安時代末期、貴族で「その才、神といふべく尊ぶべし」と評された清原頼業を祭神とした車折神社が建てられました。

内臓のある仏像

　棲霞寺草創から数十年後、奝然が宋から帰国して清涼寺の建立を図りますが亡くなります。没後、弟子の盛算が一宇を営み、釈迦如来立像を安置してこれを五台山清涼寺と号しました。体内に内臓を形どった納入物があり、三国伝来の生身のお釈迦さまとして信仰されています。当時三国といわれた、天竺(インド)・震旦(宋)・本朝(日本)を結んだ国際的な文化圏を象徴するものです。

院政期、双ヶ丘の衰退

　院政期に入り、岡崎や鳥羽に寺院や離宮の造営が始まると、皇室に深い伝統を持った双ヶ岡一帯の院家に衰退の兆しが現れます。平安時代後期、歴代天皇が仁和寺の子院として創建した四円寺(円融寺、円教寺、円乗寺、円宗寺)の御願寺が廃絶しました。

車折神社 (撮影:春田正弘)

宝筐院 (撮影:春田正弘)

大覚寺大沢池「観月の夕べ」

嵯峨野、大輪の花開く。禁野と別業、寺院

大寺院空間、嵯峨

　平安時代後期以降、嵯峨では多くの寺院が成立しています。国の律令制がほころび、摂関家や寺社などが力を持ってきます。寺院本体とその周辺の住民との間は、寺院が領主権を持ち、住民は寺の支配に服し、献納・奉仕の義務がありました。寺院は、田畑での水利の争いや侵入者などから住民を保護しました。

　同志社女子大学山田邦和教授によると、「境内（けいだい）」という用語は、現在のような寺院の敷地を表すだけのものではなく、周囲の都市空間を含めた広い範囲を示すもので、大寺院はそれだけで一つの都市である、といえます。嵯峨にはそういった大寺院がこの時代以降、所領を広げ益々力を持ってくるようになります。

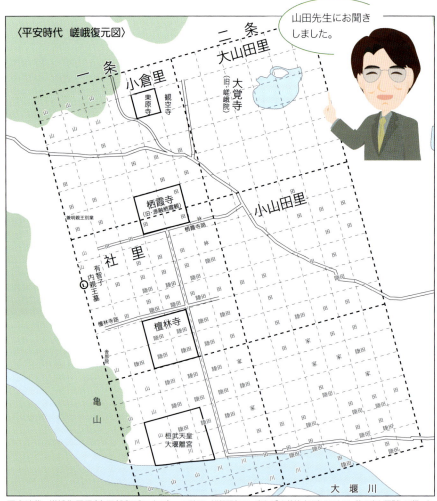

平安時代　嵯峨復元図（山田邦和氏による）
※陸田＝雑穀類（アワ、麦など）を栽培する畠のことで、他の畠と区別して扱った。
※田＝主に稲を栽培するための農地。

~紀元前130世紀頃	紀元前130世紀~紀元前4世紀頃	紀元前4世紀~3世紀中頃	3世紀後半~7世紀頃	6世紀末~710年	710年~784年	784年~794年	794年~1185年	1185年~1333年	1336年~1573年	1573年~1603年	1603年~1868年	1868年~
旧石器	縄文	弥生	古墳	飛鳥	奈良	長岡	平安	鎌倉	室町	織豊	江戸	明治時代~

念仏者や隠棲者の里、嵯峨野

平安時代後期は末法に入る時代でした。末法とは、釈迦入滅の二千年後から、現世での救いがない時代になるという思想で、現世に救いがないのであれば死後、阿弥陀仏にすがって極楽往生を遂げたいという、浄土信仰が貴族・民衆に深く浸透して行きました。清凉寺や化野念仏寺などの嵯峨野は、比叡山延暦寺の影響を強く受けている大原の里（三千院、寂光院など）とともに、念仏者や隠棲者の里として知られていました。

六波羅（平家）の政権

保元の乱で後白河天皇の信頼を得て、平治の乱で最終的な勝利者となった平清盛は武家として初めての政権を京都・六波羅の地で行います。軍事力・警察力を掌握し、武家政権樹立の礎を築きます。さらに日宋貿易によって財政基盤の開拓を行い、宋銭を日本国内で流通させ通貨経済の基礎を築きます。

清盛と後白河上皇は良好な関係でしたが、大内裏・大極殿の全焼（太郎焼亡※）、延暦寺への対応などを巡り対立します。清盛は、高倉天皇と徳子（清盛の娘）の子・安徳を天皇にすべく朝廷の実権を奪いますが、後白河法皇※の皇子以仁王が、諸国の源氏に清盛追討令を出し、平家打倒の兵をあげました。さらに、源頼朝が伊豆で挙兵し、反平家の機運が加速します。平家は瀬戸内海に活路を求めましたが「驕る平家は久しからず」で、壇ノ浦で没落し平家は滅びます。安徳天皇、建礼門院徳子の悲哀は『平家物語』にも登場します。

※太郎焼亡…安元3（1177）年の大火、「太郎」は愛宕太郎坊天狗に由来する。当時は天狗が大団扇で火事を引き起こすとの俗信があった。

※法皇…出家し仏門に入った上皇（太上天皇）を指す。

荘園と武士（平氏と源氏）

平安時代には、皇室や摂関家・大寺社など権力者へ免税のために寄進する寄進地系荘園が主流を占めました。例えば、東寺領上久世荘、東寺領大山荘（兵庫県）、仁和寺領船井郡和知荘、上賀茂神社領私市荘（福知山市）などです。

「荘園」なら『不輸の権』『不入の権』があって、税金はかからないし、役人も立ち入りません。農民は、「荘園」の管理人として自分の土地を耕していけば良かった。それでも、土地や財産を狙う盗賊や野党はいましたから、農民も自分を守るため武装するようになり自警団をつくりました。そのような自警団は、強いところにどんどん集まり「武士団」になっていきます。また、武芸を専門とする下級貴族が武士になったとも云われています。「武士団」の中で、特に大きかったのが、「桓武平氏」と「清和源氏」です。武闘と殺人をこととする軍事貴族は恐れられ、京内外の盗賊追捕や東国の反乱征討に用いられました。

平氏（桓武平氏）と源氏（清和源氏）は、もともと天皇を始祖とする由緒ある家系で、皇統という血筋のよさを武器に、武士団の指導者としての地位を確立しました。武士の集団間での抗争では、そうした争いを平定しながら下級武士の集団をまとめて支配権を拡大していき、地方武士の二大勢力となっていきました。平氏と源氏は朝廷とのつながりで武士団を組織し、政治にも関わるようになります。さらに時代が進むと、地位を上げて上級武士へと出世し、源氏は東国を平氏は西国を押さえ二大派閥になっていきました。

〈平氏と源氏の家紋〉

揚羽蝶
平氏

笹竜胆
源氏

清盛さんが言いました。

嵯峨野の揺動・変革期

鎌倉時代から南北朝、室町時代

平安時代から政治・経済・文化全ての中心であった平安京から、鎌倉幕府の成立で政治運営の中心が変わります。再び政治運営が京都に戻った室町幕府でも、武家中心は変わりませんでした。戦国時代を含んだおよそ4世紀の期間です。封建制度はこの時代から始まります。

鎌倉時代　1185年〜1333年

鎌倉殿の政権／後嵯峨上皇・亀山殿

平家の滅亡後、源頼朝は鎌倉を根拠地として東国を支配下におきます。鎌倉は三方が山に囲まれ、南が海に面しており、守り易く攻めにくい地形です。また鎌倉周辺には源氏ゆかりの武士が多く、頼朝にとって心強い土地でした。鎌倉には頼朝の部下の御家人をまとめる侍所、政務をとる公文所などを設置しました。文治元(1185)年、源頼朝は後白河法皇から守護※・地頭※設置の権利を得、さらに京都における政治拠点として平氏の六波羅跡に京都守護を置きました。建久3(1192)年に『征夷大将軍』に任じられ、『武士の、武士による、武士のための政治』を始めます。

※守護…鎌倉幕府・室町幕府が置いた武家の職制で、国単位で設置された軍事指揮官・行政官である。

※地頭…鎌倉幕府・室町幕府が荘園・国衙領(公領)を管理支配するために設置した武士のことで、直接、土地や百姓などを管理した荘園の現地支配人である。地頭の任命や解任は幕府だけが有しており、荘園領主・国司にはその権限がなかった。

頼朝さんに聞きます。

御恩と奉公、封建制度

幕府という建物があったのではなく、朝廷から勝ち取った武士のいろいろな権利を背景に、鎌倉殿として政権の拠点を鎌倉に築きました。これを鎌倉幕府といいます。

御家人と鎌倉殿とは御恩と奉公の主従関係で結ばれていました。頼朝は御家人の土地を安堵し、「いざ鎌倉」という言葉があるように御家人は鎌倉殿(頼朝)の為に懸命に戦います(封建制度)。

京の町の変化、商工業都市に

　六波羅は鎌倉幕府の京都守護が置かれ、政治色の強い場所でした。東山区六波羅政庁跡の発掘調査で道路跡や井戸跡が見つかっています。

　京都は、商工業都市として大きく発展します。平安時代後期と同じように、左京域の下の町(四条通から六条通の間)と上の町(二条通以北)に人が集まり、公家の邸宅も多くありましたから、さらに発展を遂げます。下の町にあたる平安京左京三条三坊十町跡には、鎌倉時代に後鳥羽上皇が造営した御所「押小路殿」がありました。これは、後に関白左大臣二条良実に引き継がれ「二条殿」と呼ばれるようになります。発掘調査では、建物跡と池跡と庭石が発見されました。

　また、鎌倉時代の遺構が密集して見つかったのは京都駅周辺です。ここは平安京左京八条三坊にあたり、多くの商人や職人が住んでおり、酒屋や土倉(金融業)も多かったようで、鏡や刀金具・仏具などが出土しています。鎌倉時代後期になると、商品流通が発展し多くの物資輸送や人の移動が増えます。大寺社や公家、武士などの荘園領主が集まっている京都は、荘園年貢や諸国の物資の集積・消費都市、高度な生産技術を持った商工業都市として変わっていきます。

①押小路殿跡(左京三条三坊十町跡)
建物跡と雨落溝跡

①押小路殿跡 ②八条院町跡

②八条院町跡(左京八条三坊十四町跡)
職人町の区画溝や建物跡

承久の乱と西国支配

　源頼朝の死後、御家人の権力闘争によって頼朝の嫡流は三代で断絶し、執権※北条義時※が鎌倉幕府の支配者となりました。そのような状況を見て承久3(1221)年、後鳥羽上皇が院政権回復のため義時討伐の兵をあげました。上皇挙兵の報を受けた鎌倉では、義時の姉 政子が関東の御家人を集め、亡き頼朝の厚恩を説き、御家人たちを一致団結させました。北条泰時らに率いられた幕府軍は、簡単に京都を占領しました(承久の乱)。京都政界から反幕府勢力を一掃し、洛中の治安や公家勢力の監視、尾張以西の西国を管轄させるため、六波羅探題を設置しました。

※執権…鎌倉幕府の職名。将軍(鎌倉殿)を助け政務を統轄した。

※北条義時…鎌倉幕府の第2代執権。伊豆国の在地豪族・北条時政の次男。源頼朝の正室・北条政子の弟。源氏将軍が途絶えた後の、鎌倉幕府の実質的な最高指導者。

嵯峨野の変化

　平安・鎌倉時代を通じて嵯峨野では、広隆寺、法輪寺、大覚寺、清凉寺などが継続して活動しており、次代の室町時代を待っています。この間、末法思想の浸透と愛宕信仰の重なりから浄土宗系の化野念仏寺、清凉寺、二尊院などが人々の信仰を集め、奥嵯峨の化野が墓場として成立します。

　鎌倉時代初期、藤原定家がこの地に小倉山荘を造営して、ここで小倉百人一首を撰んだと伝えられている時雨亭跡とされる伝承が厭離庵、二尊院および常寂光寺に残っています。

　『平家物語』には嵯峨野がたびたび登場します。平清盛の寵愛を受けた白拍子の祇王と仏御前が、出家のため入寺したとして知られている祇王寺があります。また、渡月橋北詰東の琴きき橋跡石標は、美しく琴の名手だったという小督*の弾く調べを、探していた源仲国が聞いたという橋跡に立っています。渡月橋北詰から西へ、少し北へ入ると小督が身を隠したという仮屋があったといいます。

大堰川の水運

　12世紀後半から13世紀前半に、運搬業に携わる問丸*が大堰川の材木流通を担っていました。大堰川の流通は、鳥羽のように朝廷が直接掌握せず、材木供給のための国衙*と摂関家が主体でした。それは嵯峨周辺には、以前から院近臣らの所領が展開していたことからわかります。院近臣などは別荘だけでなく大堰川水運との接点に注目し、経済的重要性を理解していたからです。

※小督…美貌で琴の名手の小督は、平家の全盛期、高倉天皇の寵愛を受けるが、清盛の激怒に触れ御所を追放される。嵯峨野に身を隠すが、探索を命じられた武士源仲国が琴の音色を聞いて居場所を突き止める。その後小督は出家する。

※問丸…平安時代後期から鎌倉時代頃に組織され、河川・港の近くの都市に居住し、運送、倉庫、委託販売業を兼ねる組織

※国衙…地方政府の役所

琴きき橋跡

祇王寺

化野念仏寺

大規模な寝殿造、亀山殿の造営

平安時代前期から、平安京右京域の一条辺りを西へ、法金剛院前を経由してさらに西へ広沢池前を通る道は、嵯峨大路と呼ばれており牛車が通ることが出来る広さで、当時の京と嵯峨を結ぶ主要道でした。

そこから棲霞寺(清凉寺)を経て南下し、大堰川河畔へ通じる嵯峨朱雀大路という南北の中心道路がありました。現在の長辻通といえます。

鎌倉時代、13世紀前半頃から嵯峨地区は主要道が走り在家数も増加し、大堰川の水運も盛んになり、都市的発展が見られてきました。

建長7(1255)年に後嵯峨上皇が離宮として小倉山山麓に亀山殿(嵯峨殿)を造営しました。亀山とは、小倉山のことで紅葉の名所として知られており、山の姿が亀の甲に似ていることから、この名があります。平安時代初期に檀林寺があった場所でもあります。(P35・44地図)

大規模な寝殿造の域内には、亀山・後宇多両上皇も譲位後ここに住み、上皇の妃たちの御所や浄金剛院、薬草院、多寶院など多数の御堂が建立されていきます。南は大堰川に接し、対岸には嵐山の景観が望めます。遺跡から桟敷殿の基礎跡とみられる掘り込み地業跡も出てきました。また、大井川の水を引き込むために、当時としては大規模な工事の状況を、兼好法師が『徒然草』(第51段、亀山殿の御池に)の中で伝えています。

亀山殿で内裏歌壇復活

鎌倉幕府の統制下でしたが、亀山殿において上皇の主導によって院政が継続して行われました。

亀山殿の前(東)に惣門前路が通っており、南端は法輪寺橋に、北に行くと野宮大路に繋がっていました。惣門前路の周りはすべて屋敷です。(次頁図参照)

惣門前路から西は天皇や親族らの詩歌・管弦の遊びの場所あり、しばしば豪華な宴や歌合が催されました。後嵯峨上皇は、承久の乱(P47)後沈滞していた内裏歌壇を復活させました。また『続後撰集』や『続古今集』も内裏歌壇において企画されたものといいます。

惣門前路と東の嵯峨朱雀大

絵本徒然草 東北大学付属図書館(狩野文庫所蔵)提供

兼好法師「徒然草」第51段「亀山殿の御池に」

亀山殿の御池に、大井川の水をまかせられんとて、
大井の土民に仰せて、水車を造らせけり。
多くの銭を賜ひて、数日に営み出だして、掛けたりけるに、
おほかた廻らざりければ、とく直しけれども、つひに回らで、
いたづらに立てりけり。
さて、宇治の里人を召して、おしらへさせられければ、
やすらかに結いて参らせたりけるが、思ふやうに廻りて、
水を汲み入るること、めでたかりけり。
よろづにその道を知れる者は、やんごとなきものなり。

嵯峨野の揺動・変革期

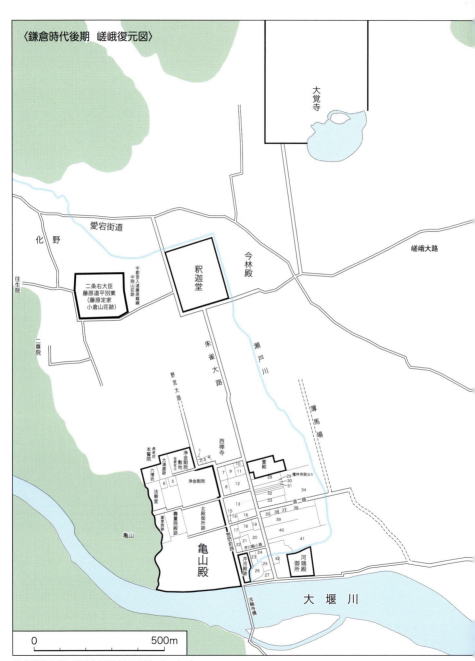

鎌倉時代後期　嵯峨復元図（山田邦和氏による）

~紀元前130世紀	紀元前130世紀~ 紀元前4世紀	紀元前4世紀~ 3世紀中頃	3世紀後半~ 7世紀	6世紀末~ 710年	710年~ 784年	784年~ 794年	794年~ 1185年	1185年~ 1333年	1336年~ 1573年	1573年~ 1603年	1603年~ 1868年	1868年~
旧石器	縄文	弥生	古墳	飛鳥	奈良	長岡	平安	**鎌倉**	室町	織豊	江戸	明治時代~

路は東西5本の小路によって繋がっていました。この間は、院近臣や僧・女房達の居住する宿所で、院の統制下でした。

嵯峨朱雀大路の東側は院の統制から離れた独自空間で、土倉・武家領など様々な階層が住む場所でした。

この時期の亀山殿周辺は広大な「都市空間」が広がっていました。しかし、基本街路は整備されていましたが、亀山殿周辺以外は、まだまだ耕作地が多くあったようです。

歴代天皇が法輪寺橋（渡月橋）の左岸に別荘を建てていますが、亀山上皇が亀山殿におられた時に、橋の上空を移動していく月を眺めて「くまなき月の渡るに似る」と感想を述べたことから、渡月橋と名付けられました。桜の名所になったのもこの頃です。亀山上皇の父、後嵯峨上皇が、吉野の桜を亀山殿の対岸に植えられました。現在の橋の位置は、後年に角倉了以が架けたとされる場所です。

上嵯峨、清涼寺や大覚寺

下嵯峨の亀山殿のように、上嵯峨の嵯峨釈迦堂（清涼寺）や大覚寺においても、それぞれ都市空間が未成熟ですが徐々に出来てきました。清涼寺は、釈迦堂として貴族から庶民まで幅広い人々の信仰の中心として賑わいます。大覚寺は、嵯峨院を寺院にしたもので、後嵯峨上皇は出家して法皇となり大覚寺を新たな御所とします（嵯峨御所）。後嵯峨上皇崩御後には引き続いて亀山法皇の御所となり、その子孫は大覚寺統と称されました。

このように嵯峨は、亀山殿、釈迦堂、大覚寺を中核として、その周りに様々な寺社、貴族や武家の邸宅などが付随した一大中世都市と言えます。そして、さらに南北朝時代、室町時代に発展します。

なお、亀山殿は南北朝時代に、南朝初代の後醍醐天皇が登場して、院政を否定するため亀山殿は解体されます。亀山殿の一部（「河端殿」）を夢窓疎石を開基として臨川寺を創建します。中世都市としての嵯峨はその後、臨川寺や天龍寺などを中心とした寺院境内都市に変わっていきます。

渡月橋と桜

後嵯峨天皇・亀山天皇陵

亀山殿跡（史跡・名勝嵐山）
亀山殿の桟敷殿とみられる
掘り込み地業跡

嵯峨野の揺動・変革期

二度の元寇、立ち向かう日本

　承久の乱の後、半世紀が過ぎた頃、モンゴル帝国(元)のフビライは、日本に度々使いを送って、服属するように求めましたが、朝廷と鎌倉幕府はこれをはねつけました。幕府は沿岸警備に当たる諸国の負担軽減のため年貢上納中止などを命じました。そのため西国からの米穀類がほとんど京都に運上されなくなり、京都は深刻な食糧危機に陥りました。元とその属国朝鮮の高麗は、2度にわたり日本へ侵攻(元寇)しました。2度目の弘安の役(弘安4(1281)年)で日本に向かった14万人は、世界史上最大規模の大軍であり艦隊でした。御家人たちは約2か月間、海岸で上陸を食い止めました。再び台風が襲来し元軍は壊滅的な打撃を受け撤退しました。

　朝鮮の高麗王朝の官史『高麗史』には、元寇の発端は高麗・忠烈王が「元の皇帝に執拗に、東征して日本を属国にするよう勧めた」との記述があります。つまり、元寇は高麗が積極的に進言した為引き起こされた侵略でした。また、対馬や壱岐で高麗兵が行なった残虐行為は『高祖遺文録』に残っています。ちなみに、1度目の文永の役の翌年1275年に、マルコポーロが元に到着し、20数年後に『東方見聞録』を著します。

　元寇以降、鎌倉幕府は衰退の一歩をたどります。ちなみに、亀山天皇は天皇の時に文永の役、上皇の時に弘安の役と2回の元寇がおこり、自ら伊勢神宮と熊野三山で祈願するなど積極的な活動を行いました。

鎌倉新仏教、仏教変革の動き

　真言宗(空海)や天台宗(最澄)以外に平安時代末期から鎌倉時代にかけて、浄土思想の普及や禅宗伝来の影響によって、多くの仏教宗派が新しく成立しました。法然(浄土宗)、親鸞(浄土真宗)、一遍(時宗)、日蓮(法華宗)により、個々人の精神的な救済を使命とした分かり易い「おしえ」は広く浸透しす。また、栄西(臨済宗)と道元(曹洞宗)は禅によって悟り開くことが出来ると説きました。

　各宗派は、全国の荘園領主からの求めや、勢力拡大のため九州・中国・東海・北陸・関東へと広がっていきます。鎌倉幕府の執権北条氏は、栄西・臨済宗を庇護して(鎌倉)五山の制度を設け、そのあとの建武の新政でも、後醍醐天皇が五山を維持し、そして室町幕府が(京都)五山を拡大させていきます。

文永の役／蒙古軍に突撃する竹崎季長
『蒙古襲来絵詞』より

弘安の役　元軍の船
(宮内庁三の丸尚蔵館蔵「蒙古襲来絵詞」より部分)

「我が身をもって困難にかわらん」
亀山天皇

五山の送り火
(京都文化研究ブログより)

~紀元前130世紀頃	紀元前130世紀~紀元前4世紀	紀元前4世紀~3世紀中頃	3世紀後半~7世紀頃	6世紀末~710年	710年~784年	784年~794年	794年~1185年	1185年~1333年	1336年~1573年	1573年~1603年	1603年~1868年	1868年~
旧石器	縄文	弥生	古墳	飛鳥	奈良	長岡	平安	**鎌倉**	室町	織豊	江戸	明治時代~

庶民の芸能

　天災地変や大飢饉などが起きる中でも、貴族、公家のみならず庶民も娯楽に興じるときもありました。平安時代に成立した伝統芸能の猿楽は鎌倉時代頃から、これを職業とする者が各地の神社に属して、祭礼などで興行し座を結んで一般庶民にも愛好されました。

　松尾大社ではいまも7月第3日曜日に御田祭が行われ、松尾・嵐山・下津林から選ばれた少女3人が植女となって奏楽に合わせて拝殿を3周します。当時はこの神事も呪師猿楽が行っていました。この猿楽は丹波を本拠とする矢田座の矢田猿楽であり、現亀岡市の旧矢田郷は松尾社領で、そこから進出したものと思われます。猿楽はその後、田楽などの要素をとり入れ、観阿弥・世阿弥父子によって能楽として大成します。

建武の新政　1333年~1336年

朝廷と武家のせめぎあい

建武の新政から南北朝の動乱

　大覚寺統の後醍醐天皇は鎌倉幕府の政治を不満に思い、全国の武士に討幕の綸旨を発しました。未然に発覚し、天皇は隠岐に流されましたが、再度画策し京では足利高氏(後に尊氏)が六波羅探題を落とし、関東では新田義貞が鎌倉を落として鎌倉幕府は滅びました。建武元(1334)年「建武の新政」と呼ばれる後醍醐天皇による親政がはじまりました。しかし政局の混乱が続き、後醍醐天皇と足利尊氏が対立し、尊氏が京都を制圧します。後醍醐天皇は吉野に逃れ、尊氏は持明院統から光明天皇を擁立(北朝)し、吉野(南朝)と京都(北朝)に2つの朝廷が並び立つ南北朝時代が50余年間続きます。

後醍醐天皇の新政

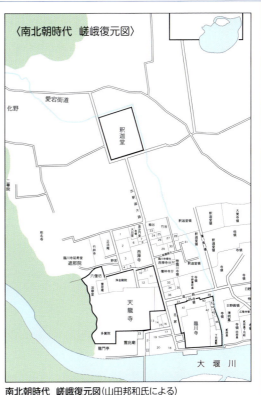

南北朝時代　嵯峨復元図(山田邦和氏による)

嵯峨野の揺動・変革期

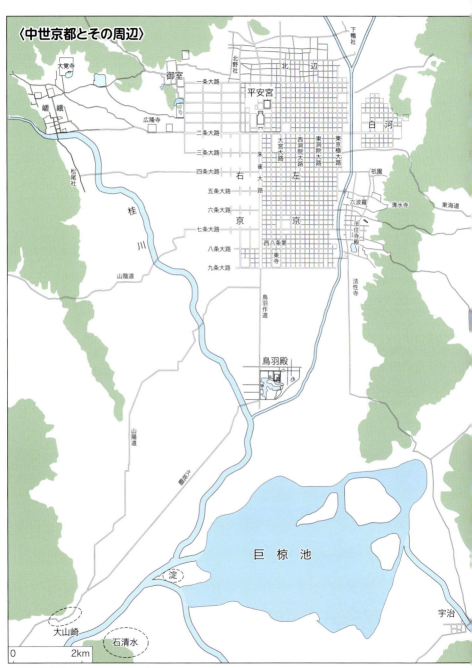

中世京都とその周辺（山田邦和氏による）

～紀元前130世紀	紀元前130世紀〜紀元前4世紀	紀元前4世紀〜3世紀中頃	3世紀後半〜7世紀	6世紀末〜710年	710年〜784年	784年〜794年	794年〜1185年	1185年〜1333年	1336年〜1573年	1573年〜1603年	1603年〜1868年	1868年〜
旧石器	縄文	弥生	古墳	飛鳥	奈良	長岡	平安	鎌倉	室町	織豊	江戸	明治時代〜

室町時代　1336年〜1573年

京都に幕府を設置／巨大寺院、天龍寺や妙心寺

足利尊氏は北朝の光厳天皇から征夷大将軍を任命され建武3（1336）年、新たな武家政権の建武式目を制定して、室町幕府（足利政権）が実質的に成立します。京都に幕府が置かれた唯一の時代です。当初の50余年は南北朝分裂の中での幕府の運営でした。さらに途中、応仁・文明の乱がおこりますが、農民の自立や町衆が登場します。また全国に戦国大名が登場します。

足利尊氏の嵯峨への貢献天龍寺。

南北朝分裂と合一（1336年〜1392年）

　足利尊氏は、吉野で亡くなった南朝の後醍醐天皇の菩提を弔うため天龍寺を建立します。その後も権門、寺社、武士などの多くは南北両党に分かれて抗争しました。足利尊氏が亡くなった後も、さらに京都をはじめ各所で攻防がありました。尊氏の孫の第3代将軍足利義満は、明徳2/元中8（1391）年、守護の大内義弘を仲介者として、南朝と和睦を成立させました。翌年、南朝の後亀山天皇は京都へ赴いて大覚寺で北朝の後小松天皇に三種の神器を譲渡し、南朝が解消される形で50余年の分裂は終止符を打ちました。

守護大名とばさらの風潮

　南北朝の動乱は、身分秩序を無視し時の権威を軽んじ、自由狼藉世界の「ばさらの風潮*」を生みだしました。貴族社会の経済基盤であった荘園制が崩壊し、天皇の政治的権威は失墜し、守護がその領国を支配し、徐々に大きな力を持つようになり「守護大名」と呼ばれるまで成長しました。

　室町幕府は、守護大名による合議制の連合政権で、成立当初から将軍の権力基盤は脆弱でした。当然幕府の力も相対的に弱くなってきて、諸国の守護大名が勢力を伸ばしてきます。家督相続の方式が定まっていなかったため、しばしば将軍家・守護大名家に後継者争いや「お家騒動」を発生させる原因になりました。

※ばさらの風潮…こういう風潮を当時は「ばさら（婆娑羅）」といった。

京の町衆・日本文化の原型

　幕府開創当初は政権は不安定でしたが、3代将軍足利義満は南北朝を統一し幕府権力を確立させました。日明貿易（勘合貿易*）を行い、室町幕府の財政を豊かにし、北山殿（後の鹿苑寺（金閣寺））を建立して北山文化を開花させるなど、南北朝動乱中の室町幕府にあって、政治・経済・文化の最盛期を築きました。義満は永和3（1377）年に「花の御所」（室町殿）を造営します。（P60写真）庭園いっぱいに花卉類があったためにそう呼ばれました。それ以降、足利氏累代の将軍邸となります。

　かつての東市・西市はすでに崩壊し、これに代わって町小路（現在の新町通）、室町小路、西洞院大路等の大路・小路では、今日でいう同業組合というべき「座」が出来、棚（店）を持つ人々が増えました。室町時代には、こうした商工業者の個数が1万から数万戸に及んだといいます。この時期の京都は、日本最大の商工都市として全国に君臨していました。町衆が経済力をつけ、新たな文化や産業が発展してきます。彼らは自治的な組織を整え、京都復興の中心となりました。また、祇園祭も四条室町の町衆によって再興されました（応仁・文明の乱の33年の中断を経て現在に至ります）。8代将軍義政の時代（東山文化）は庶民的で「わび・さび」という禅宗などの影響が強いのが特色です。同時に茶の湯・能楽・書院造など、今日の文化の原型と考えられているものが確立されました。

※勘合貿易…倭寇や密貿易と区別し、正式な遣明使船である事が確認できるよう、勘合符を使用したことから勘合貿易とも呼ばれた。

嵯峨野の揺動・変革期

嵯峨野、巨大寺院の出現

双ヶ岡辺りは、室町時代中期には花園天皇の離宮が営まれるなど、鎌倉・室町両時代になっても、嵯峨野およびその周辺部は天皇の隠棲地として大きな役割を持っていました。

しかし、武士の世になり当時の彼らの多くは、質素な生活を営み武道の腕をみがく一方で、禅や茶道などにより精神力を高めようとしました。

嵯峨野には後醍醐天皇が建武2(1335)年夢窓疎石を開山として建立した臨川寺、足利義満が建立した宝幢寺、そして天龍寺など臨済宗の巨大寺院がこの地に出現して、嵯峨野の様子が大きく変わりました。

室町幕府前期の頃は、天龍寺を始め京五山経済は富裕でした。幕府は五山入山の場合官銭を納めさせ、これを幕府の有力な財源にするなど、五山派と幕府は物心両面において密着していました。幕府権力が確定し将軍の権威が高まった義満・義政の時代には京五山は最も安定した繁栄の時期でした。

天龍寺、京都五山第一位

南北朝時代、足利尊氏は吉野で亡くなった後醍醐天皇の菩提を弔うため、鎌倉時代末期に荒廃していた亀山殿の地に康永4(1345)年天龍寺を創建しました。ただ工事の進捗は、経済的な裏付けが薄いため手間取りました。亀山殿の土地と建物はほとんど新寺に寄進され、丹波弓削荘などの寄進のほか、天龍寺船※を派遣して費用を捻出しました。天龍寺境内以外の亀山殿の土地は、臨川寺・釈迦堂(清凉寺)・広隆寺・大覚寺といった寺院領とされました。発掘調査では、建物基礎の石敷等や、応仁・文明の乱で焼けた瓦なども見つかっています。

※天龍寺船…京都天龍寺造営費捻出のために室町幕府公認の下、元へ派遣された貿易船

天龍寺【世界遺産】

当時の天龍寺の境内地は西は小倉山、南は大堰川ですが、北は二尊院門前、東は車折神社あたりにまで及ぶ広大なものでした。将軍家と天皇家ゆかりの禅寺として京都五山の第二位（後に、南禅寺が「五山の上」としたことにより、天龍寺が「五山の第一位」）となりました。天龍寺の開祖、夢窓疎石は境内美観十境を選定しました。(P62参照)

南西の大堰川岸には納涼と遊行の為の桟敷殿がありました。寺前の惣門前路は寺域に取り込まれた結果、嵯峨朱雀大路に直面するようになりました。(P61図)

天下の壮観、後醍醐天皇供養参列

天龍寺の落慶法要と後醍醐天皇七回忌法要は足利尊氏将軍の率いる幕府の威信をかけたもので、その盛大さは大変なものであったと『太平記』に記されています。供養に参列した名簿があります。それによると、貞和元(1345)年8月29日、土御門東洞院の将軍尊氏の館から、天龍寺に向かう尊氏・直義の行列は数百騎の軍兵を従え「美をつくし善をつくし」「天下の壮観」であったといわれています。人々は道路に充満し、桟敷を造って見物し、沿道には車を立てる隙間もありません。行列の先頭に、侍所の長官山名時氏が2～300騎を率い、次に先陣随兵として武田信武など12人、帯剣の輩が32人続き、尊氏及び直義の車、少し後に高師直・上杉朝定など6名が続き、後陣随兵として足利氏頼など10名、後陣直垂者32人を始め数百騎が続く、という状態でした。幕府の関係者をはじめ在京中の名のある者は、みなこの行列に加わったと思われます。

史跡・特別名勝
天龍寺庭園(曹源池)

天龍寺旧境内発掘調査

建物の基礎(地業)と思われる礫敷跡

妙心寺、林下代表

京都の禅寺は、五山十刹に代表される室町幕府の庇護と統制下にあった一派と、それとは一線を画す在野の寺院とがあり、前者を叢林、後者を林下といいます。

嵯峨野近くの花園にある妙心寺は、林下の代表的寺院であり、臨済宗妙心寺派大本山で本尊は釈迦如来。開基は花園法皇で、わが国の臨済宗寺院約6000ヵ寺のうち、約3500ヵ寺を妙心寺派で占める日本最大の禅寺です。

龍安寺は、妙心寺派の寺院で室町幕府管領の細川勝元が開基。方丈南面の枯山水庭園は「虎の子渡し」といわれています。このように、室町幕府による禅宗寺院が嵯峨野に建立され始め、この辺りの景観が変わります。特に天龍寺、臨川寺に関わる塔頭は150以上あり、周辺には門前市が出現し多くの在家が立ち並ぶ都市・嵯峨へと発展して行きます。

嵯峨野の揺動・変革期

妙心寺
花園法皇の発願で1340年頃、開山慧玄が開山となり、花園離宮を禅寺として創建されました。

史跡・名勝　退蔵院庭園
国宝「瓢鮎図」を所蔵し、四季折々に美しい庭園「余香苑」が楽しめます。

龍安寺【世界遺産】
石庭が有名です。

巨大寺院と中世宗教都市　嵯峨

　天龍寺正面の路を東に行くと、現在の嵯峨郵便局辺りに「天下龍門」という門が建っていました。現在も「嵯峨天龍寺龍門町」が町名としてあります。天龍寺と宝幢寺(鹿王院はその塔頭で、足利義満が建立した宝幢寺は応仁・天明の乱で廃絶し、鹿王院のみが残った)を繋ぐ大道があり、「天下龍門の道」と称し、付近には幾多の塔頭を擁していました。現在の府道135号線がそれに当たると思われます。瀬戸川(かつては芹川といい、昔はこの辺りに芹が沢山繁殖していた)に架かる橋を「龍門橋」といいます。当時の嵯峨における天龍寺の存在の大きさを考えると、嵯峨におけるシンボルだったといえます。その南には臨済宗天龍寺派の臨川寺が広い境内を持っていました。

　基本街路に面した部分はほとんど寺院や在家が占めており、田畑はそれらの裏側でした。大堰川河畔から嵯峨朱雀大路の北に当

旧石器	縄文	弥生	古墳	飛鳥	奈良	蝦夷	平安	鎌倉	室町	織豊	江戸	明治時代〜
〜紀元前130世紀頃	紀元前130世紀〜紀元前4世紀	紀元前4世紀中頃〜3世紀頃	3世紀後半〜7世紀頃	6世紀末〜710年	710年〜784年	784年〜794年	794年〜1185年	1185年〜1333年	1336年〜1573年	1573年〜1603年	1603年〜1868年	1868年〜

臨川寺

天龍寺

拾遺都名所図会の臨川寺
『新修京都叢書』光彩社

都名所図会の天龍寺

鹿王院

拾遺都名所図会の鹿王院
『新修京都叢書』光彩社

59

嵯峨野の揺動・変革期

たる清凉寺(嵯峨釈迦堂)、その東の大覚寺辺りまで盛んに開発され、都市が広がっていたと考えられます。

山田邦和氏の試算によると、室町時代の頃は天龍寺から清凉寺、大覚寺境内とその門前周辺の都市空間の総面積は170万㎡に達したようです。この範囲内全て寺院と民家が詰まっていたのではなく、それらの裏には耕作地が沢山広がっていますが、当時これだけの面積を持っていた都市は、日本には少なかったといいます。大小の寺院その塔頭などを含めて200寺以上あり、古地図「応永鈞命絵図」には147か所の「在家」が記載されています。「在家」1か所に4〜5の程度の民家と類推し、場合によっては1千軒に近い民家がありました。その中には、多数の土倉や酒屋も含まれていたでしょう。

それに加えて、天龍寺、臨川寺などの禅寺院は多くの僧侶や住民を抱えています。他の大寺院も多く存在し、その僧侶や寺院に関係する住民は少なくとも2000人以上と考えられます。また絵図に記載されていない零細な住民の数を加えると、都市としての嵯峨の人口は少なくとも8000〜1万人といえます。当時、日本には京都洛中以外に、これだけの規模の都市は数少なかったのです。

鹿苑寺(金閣寺)

京の町「国宝 洛中洛外図屏風 上杉本」狩野永徳筆
室町時代・16世紀 米沢市上杉博物館蔵

※室町殿＝P55右欄「花の御所」庭園いっぱいに花卉類があったことから、そう呼ばれた。
(京都御所の北西にあった)

室町殿跡 発見された庭園跡の一部

室町殿跡 景石(手前の右)を伴う庭園跡〈景石:日本庭園で、風致を添えるためにところどころに置かれている石〉

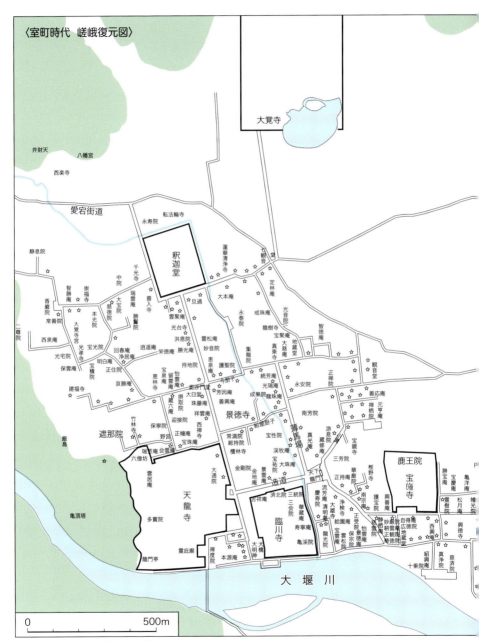

室町時代 嵯峨復元図(山田邦和氏による)
※ P50の鎌倉時代後期に比べると、室町時代は天龍寺を始め巨大寺院が出現し、民家の数も多くなり、都市空間が広がっています。

天龍寺十境

　かつての天龍寺は、嵐山全山が境内という壮大なものでした。康永5(1346)年、夢窓疎石が天龍寺の境域の中から「天龍寺十境」を選定し、それぞれに仏徳の教えを詩にしました。

①普明閣・・・三門(天龍寺の旧山門(勅使門の奥にあった))
②絶唱渓・・・大堰川の清流
③霊庇廟・・・鎮守の八幡社(夢窓疎石の発願により増築改修)
④曹源池・・・方丈庭園の池
⑤拈華嶺・・・嵐山の絶景
⑥渡月橋・・・渡月橋(当時はもう少し上流にあった)
⑦三級巌・・・戸無瀬滝(かつて大堰川右岸の嵐山にあった戸無瀬の滝)
⑧萬松洞・・・門前の松並木(天龍寺総門から渡月まで、洞門のように松が生い茂っていたが、現在はほとんど残っていない)
⑨龍門亭・・・嵐山を望んで建てられていた大堰河畔の茶亭
⑩亀頂塔・・・亀山山頂の九重の塔塔

　下記の写真がある7か所は現存しています。⑦は江戸時代の大日本六十余州名勝図会に「戸無瀬の滝」が紹介されています。この滝は平安時代の頃から多くの歌に詠まれています。

　「嵐吹く　山のあなたのもみぢ葉を　戸無瀬の滝に　落としてぞ見る」(続古今集・源経信)など。現在は滝の規模は大幅に縮小し、鬱蒼とした樹木に埋もれています。しかし、上流にはその残影を見ることは出来ます。

(撮影：中村吉男)

嵯峨野の庶民の娯楽と生活

完備した娯楽場などはない当時、寺社の門前は庶民唯一の娯楽場であり、そこでは茶屋や餅屋でくつろぎ、色々な雑芸を見物することが出来ました。室町時代から寺社が信仰の場だけではなく、庶民の憩いの場としての役割を果たしてきました。

念佛の清涼寺

一般の庶民が貧しい生活をしていたのは、平安時代だけではなく室町時代や戦国時代でも同じです。それ故、阿弥陀仏の誓いを信じ、念仏して死後に極楽浄土に生まれることを願う、浄土思想が民衆に受け入れられます。清涼寺(浄土宗)の嵯峨大念佛狂言【P96に解説】は、鎌倉時代に円覚上人が庶民に仏法を説くため始めたと伝えられており、京都の人からは嵯峨釈迦堂の愛称で親しまれています。

『融通念佛縁起絵巻』の詞書には、「洛中辺土の道俗男女雲のごとくにのぞみ、星のごとくにつらなりて群集」したとあります。応永26(1419)年3月の大念佛に多くの参加者で賑わっていました。釈迦堂近辺の在家が火事になった時、大念佛参詣の群衆が駆け付けすぐに火を消しています。参詣者が如何に多かったかが伺えます。

地蔵盆が大流行

室町時代に各町内でお地蔵さんが祀られ、地蔵盆が大流行しました。お地蔵さんは仏教に属する地蔵菩薩で、人間界のほか地獄・飢餓・修羅・畜生・天といった六道すべてにおもむき人々を救済します。今も清凉寺境内の生六道地蔵菩薩がある嵯峨薬師寺で8月24日に「送り地蔵盆」が行われています。冥土通いの逸話で有名な小野篁(おののたかむら)(802〜52)は、珍皇寺(東山区松原通東大路)門前の死六道の辻から冥府に赴き、この地から現世に戻ったという伝説があります。嵯峨薬師寺の東、大覚寺参道前に「六道の辻」があります。

農民の自立と職人の活躍

室町時代後期になると、荘園領主や戦国大名が広域を支配することにより、政治権力と経済力による広範囲の灌漑・治水事業などが行われます。生産力が飛躍的に向上し自立農民が成長しました。農民たちは用水や入会地の問題解決に当たって協力して行く中で、村落間の結びつきを強めます。京都の西京区から向日市にかけての桂川右岸地域は西岡(にしのおか)と呼ばれ、小規模ですが京都の公家や寺社を支える荘園が多数ありました。

農民の自立が進むと、それまで宮廷に属していた工人も自立し、手工業が一般的に行われ市場ができます。この時代、それぞれの寺社領地の道に面して、在家・民家が多くありました。そこに住む職人たちによって、寺院や僧侶に関する諸々の必要品の手工業生産が始まります。

嵯峨大念佛狂言と狂言堂(右)

嵯峨野の揺動・変革期

京の町中には常設の店舗(見世棚)が生まれ、六斎市※が開かれ多くの行商人が活躍します。日用品や農具、織物や紙など今日各地方の特産物と呼ばれるものは、室町時代が起源であるものが多く、京都の西陣では明から輸入した生糸を利用して高級織物である西陣織がつくられました。

人々の生活を支える土器は、供膳具としては素焼きの土師器皿(かわらけ)が主体でした。京都の土器はロクロを使わず、あくまでも手づくね成形にこだわったもので、嵯峨野などの洛外にあった土器生産地から供給されていました。嵯峨土器、深草土器、木野土器です。そのほかのものも各地で生産され一大消費地である京都のほか、広い範囲に流通していました。なお、嵯峨焼は江戸時代のやきものです。

また、丹波地方の材木・薪が大堰川を筏によって嵯峨や梅津に運ばれ、そこから陸路で堀川筋で商いしていた材木商人へ行き、洛中の町屋建築の資材となって大工などの庶民に渡りました。さらに屋根葺きの竹材は嵯峨野や西岡地域の「性よき厚竹」が尊ばれました。

※六斎市…月6回定期的に開かれる市。経済発展により3斎から増える。

この頃の大陸と半島

大陸で漢民族の明が建国するのは1368年です。室町時代「南北朝統一」が成る(1392年)少し前です。この時期は前期倭寇の最盛期でもあり、被害は大きなものでした。この時代の倭寇は正真正銘の海賊で物資や食糧の略奪を行っていました。明は、足利義満と日明貿易(勘合貿易)を行う事を条件に倭寇の取締りを要請しました。室町幕府は、勘合貿易を継続し莫大な利益を上げ、義満による倭寇の取り締まりで倭寇勢力も衰退し、明の海上は平穏を取り戻しました。15世紀後半の後期倭寇は、ほとんどが日本人を装った福建人や浙江人であり、日本人の割合は1〜2割ほどでした。当時日本が戦国時代であったことから、実戦経験豊富なものが多く、戦闘の先頭に立って指揮を執ることで倭寇の武力向上に資していたことがうかがえます。

明は16世紀末には日本に攻撃された李氏朝鮮の救援(文禄・慶長の役)などの出費がかさみ、財政が破綻します。飢饉や反乱が相次ぎ滅亡(1644年)し、満洲民族の清が興ります。日本では江戸幕府初期の頃です。

一方朝鮮半島では、1392年に高麗の武将であった李成桂(女真族ともいわれる)が、クーデターを起こし、自ら高麗王に即位しました。翌年、明国から権知朝鮮国事(朝鮮王代理、実質的な朝鮮王の意味)に封ぜられました。「朝鮮」という国号は明の皇帝朱元璋から下賜されたものであり、「李氏朝鮮」ともいいます。

明と朝鮮の関係は、宗主国と属国の関係であり、李氏朝鮮は中華の分身の小中華・東方礼儀の国と自称していました。宗主国の明に仕える関係に立って、事大主義※の外交を繰り広げました。朝廷内は勢力争いが繰り返され武力衝突もあり、その後1592年に豊臣秀吉から1回目の侵攻をうけます。

※事大主義…小が大に事えること。強い勢力に付き従うという考え。

14世紀後半から16世紀後半にかけての倭寇の進攻図。
『籌海図編』(1562年)の中の「沿海山沙図」が示した海域は、明の力の及ばない倭寇の勢力圏だったことが伺える。
(ブログ:台湾は日本の生命線!より)

大堰川水運と一遍聖絵

　嵯峨は寺院・塔頭群と在家が立ち並ぶ都市と同時に、大堰川水運の津としても発展していきます。それは大堰川水運が幕府及び守護により保証され、運輸だけではなく用水や橋梁の使用権など、いろいろ錯綜する関係者の利害調整がなされ、その機能を維持していたからです。

　民衆の様子に関しては、鎌倉時代後半に描かれた「一遍聖絵」があります。京の堀川の東に、粗末な小屋やそこに仰臥する乞食の姿、堀川に材木を流す筏師の姿が描かれ、さらに嵯峨野辺りの桂川沿道には、乞食などが粗末な小屋を並べて道行く人々に物乞いをしており、また桂川には水浴びをする者や二匹の鵜をもって舟上から鮎漁をする鵜匠が描かれています。とれた鮎は桂女によって売り歩いていました。一遍はさらに丹波・丹後に行きますが、そこでは乞食などの姿がなく、のどかな田園風景が展開しています。乞食等の集団は極めて都会的な存在でした。

応仁・文明の乱、焼け野の京

乱の前兆

　京都で大地震（室町時代後期の明応地震など）があり、さらに大旱魃が重なって多数の餓死者が出ました。また疫病や飢饉が全国的に発生し、諸国の貧人が上洛し、洛中には数万人に及ぶ餓死者や疫病による死者が蔓延していました。天龍寺などで施餓鬼が行われましたが、社会不安は増幅し、これらは応仁・文明の乱の前兆でもありました。8代将軍義政は、幕政を正室の日野富子や細川勝元・山名宗全らの有力守護大名に委ねて、自らはもっぱら数寄の道を探求した文化人でした。

　細川勝元（東軍）と山名宗全（西軍）の勢力争いから大きくなった応仁・文明の乱は、1477年から11年間に及びました。始めは京都市中の市街戦で、二条以北の上京一帯が兵火で焼け野原になりました。その後も諸国の守護大名が、いずれかに分かれ京都各地で戦闘を繰り広げ地方にも拡大しました。戦火で京都の寺社や公家・武家邸の大

「真如堂縁起絵巻」にある応仁・文明の乱の場面（小学館『図説 日本文化の歴史6』より）

嵯峨野の揺動・変革期

半が消失し、罹災を免れたのは土御門内裏などわずかでした。また京都七口関は両軍の争奪戦となり物資の流入も停滞し、さらに足軽の放火・略奪が追い打ちをかけ、京都は完全に荒廃しました。

嵯峨野周辺、革島城と嵐山城

京都の周辺でも戦乱に備えて城館が築かれました。西京区川島玉頭町の革嶋城一帯は応仁・文明の乱の舞台にもなったところで、「革嶋家文書」の絵図に描かれていた土豪革嶋氏の館の様子が2009年の発掘調査で明らかになりました。

東軍の細川氏の被官で讃岐国の武士である香西元長は、山城下郡(葛野・愛宕・乙訓など)の守護代に任命され、嵐山の山頂に嵐山城を築きました。今も南曲輪の北側には土塁が残り、堀切りを越えて急坂を登ると階段状に曲輪が設けられ一部には石垣も残っています。香西元長は細川澄之を擁して権勢を振るいましたが、それもつかの間、競争相手である細川澄元の反撃によって滅亡、嵐山城も西岡衆の攻撃を受けて落城しました。

革嶋館跡　二重の塀に囲まれた革嶋氏の館跡

嵐山城跡から桂川・嵯峨方面を望む

革嶋館跡
内堀跡の様子(幅約5.5m、深さ約1.8m)

嵐山城跡
残存する頂上付近の堀切り跡

嵯峨野焼失、その後

各地での戦闘の結果、嵯峨野では仁和寺と院家、法金剛院、妙心寺、嵐山山麓の法輪寺などほとんどが灰塵に帰し、臨川寺、天龍寺が兵乱の中で全山焼亡しました。特に京五山の天龍寺は乱勃発と同時にたちまち兵火・略奪の惨状にさらされました。富裕を誇った経済力も乱後の衰退は、眼を覆うものでした。その後、復興の途につきましたが、武士の寺領・荘園の侵略ははげしく、幕府の衰微とともに往年の姿には戻れず、後の豊臣秀吉の寄進で復興します。

大覚寺も他の寺々同様に焼け、荒廃が続きます。渡月橋も西軍と東軍がこの場所で戦ったため焼失しました。大堰川の水運も、以前は幕府などが利害関係を調整していましたが、それが出来なくなり、水運は機能不全になります。大堰川は江戸初期の角倉了以が出るまで、新たな形での再生はならなかったのです。嵯峨野は、昔日の原野に戻ったほど寂れました。

　しかし、世相を反映して嵯峨釈迦堂で行われた大念佛会は大変な賑わいで、特に記録に残っている天文22(1553)年の大念佛会は数知れぬ参詣者で埋まりました。3万部の読経が合わせて執行され、諸国から結縁のため訪れた人々は嵯峨から洛中まであふれ出し、釈迦堂には3000人の読経僧を収容する仮屋も立てられ、身動きもできない雑踏の中で『市、勧進、乞食』が催されました。

　応仁・文明の乱の30年後に編まれた『閑吟集』に、着々と復興してくる町の様子がうたわれています。京の名所が挙げられ、法輪寺や嵯峨がうたわれ、臨川寺の水車にかけて「まはらばまわれ」と寺まわりの楽しさを伝えています。また、乱の50年後、嵯峨の土倉衆として富裕をもって聞こえた嵯峨角倉の吉田宗桂(角倉了以の父)は2度の遣明船に搭乗しています。明に行き医書の購入などとともに、貿易家として生糸などを輸入し、洛中における帯の生産・販売を支配したと考えられます。

遣明船の大きさは、150人から200人の乗員に加えて食糧、貿易商品などを搭載したので1000石～2500石積くらいの大船だったと思われます。
(ブログ：In the pontoon bridge より)

都文化の伝播、地方の新権力者

　応仁・文明の乱によって京都を追われた公家や民衆は、京都周辺の山科や宇治、大津、奈良、堺といった周辺都市や地方の所領などに疎開していました。そのために都の文化が地方に伝播しました。

　応仁・文明の乱の戦火は瞬く間に東国・九州を除く全国各地に拡大して行き、守護大名らが京都で戦闘を繰り広げている間に、領国では新たな権力者が生まれました。守護に現地を任されていた守護代やその土地の土着武士の国人です。

守護大名から戦国大名へ

室町幕府の守護体制が揺らぎ始めた時期に足利将軍廃立の事件(明応の政変(1493年))がおこり、中央政権としての機能が決定的に失われ、戦国の世になります。各地の新たな権力者は、ある者は一揆を利用し、またある者はそれを鎮圧して、自らの勢力を固めました。多くの権力者が日本の各地に大小さまざまな国を乱立させ、群雄割拠の状態になりました。
そして守護大名に代わって下剋上の結果、独自の軍事力で地域支配を行った大名が戦国大名として登場します。上杉謙信、武田信玄、北条氏家、徳川家康、織田信長、大内義隆、毛利元就、大友宗麟などです。

嵯峨野、復興し、力強く変貌

織豊時代から江戸時代

戦国時代を勝ち上がってきた織田信長と、それに続く豊臣秀吉が天下統一を果たし戦乱の世に終止符を打ちます。秀吉の死後、徳川家康は慶長5(1600)年関ヶ原の戦いに勝利して、西軍の諸大名を改易・減封処分とし、「京都所司代」を設置しました。慶長8(1603)年、朝廷から征夷大将軍に任じられ、江戸に幕府を開きました。

世界では、大航海時代というヨーロッパ人によるアフリカ・アジア・アメリカ大陸への大規模な植民地獲得競争時代が進んでいます。1543年、種子島へ漂着した中国のジャンク船に、便乗していたポルトガル人から種子島の領主が鉄砲(火縄銃)2丁を購入しました。これがわが国が初めて接触した大航海時代です。

織豊時代 1573年～1603年

信長・秀吉が天下統一／嵯峨野復興の兆し

各地の戦国大名の中から、織田信長が足利義昭を奉じて上洛すると、将軍、次いでは天皇の権威を利用して天下に号令しました。室町幕府を事実上滅ぼして、畿内を中心に強力な中央集権的政権(織田政権)を確立して天下人となります。死後、羽柴秀吉が跡を継ぎました。

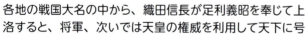

天下布武！

織田信長、天下布武

永禄11(1568)年、織田信長が室町幕府15代将軍足利義昭を奉じて、大軍勢を率いて上洛しました。信長は翌年義昭の為に新御所の武家御城(旧二条城)をつくり、京都や堺といった都市を直轄とし、関所を廃止して物資の輸送を容易にしました。安土城を築き、楽市楽座・検地等の革新政策を行い、商工業の振興を図りました。浅井・朝倉氏およびこれと結ぶ比叡山延暦寺を撃破し、のち義昭を追放して室町幕府を滅ぼします(1573年)。信長は武家政権を継承し、天下布武(七徳の武をもって天下を治める)に向けて邁進します。武田勝頼を破り、石山本願寺と和議を結び、毛利氏征討を進めますが、天正10(1582)年、家臣の明智光秀に本能寺の変で攻められ、全国統一の業半ばで倒れました。

①旧二条城跡（武家御城跡）
15代将軍足利義昭の旧二条城跡の石垣と濠跡

②旧二条城跡（武家御城跡）
旧二条城跡を発見するきっかけとなった濠に伴う石垣跡

③旧二条城跡から
　出土した銅鏡
文様上部に「天下一」の銘が
ある小型の銅鏡（経9cm）

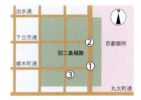

旧二条城跡の発掘調査位置図

豊臣秀吉、検地・刀狩り

　信長の後を受けて、天下統一を進めたのが羽柴（豊臣）秀吉です。明智光秀を山崎の地で倒し、織田家の重鎮・柴田勝家を賤ケ岳で破り、大坂を本拠地と定め京都を直轄地として整備を始めました。
　日本全土で田畑の測量と収穫量調査を開始し、太閤検地を行います。この検地で荘園がほとんど解体されます。また刀狩りを実施し農民から武器を取り上げ一揆を防ぐとともに、身分統制令を出して兵農分離を行い、武士と商工業者は都市に住み、農民は農作業に専念するという制度を進めました。

京都の改造

　関白に就任し、天皇から豊臣の姓を賜り、以降豊臣秀吉と称します。天正15(1587)年、平安宮の旧地に聚楽第を造営し、天守閣と二重堀を備えた城郭で、近年の発掘調査で当時の姿が明らかになってきています。洛中に本格的な大城郭を造り、その城下に諸大名を集住させるという構想は京都始まって以来で、初の軍事都市化です。また、御所の修復を行い、周辺に公家屋敷をまとめ、寺院を集中させて寺町・寺ノ内を形成します。御所の復興や仏教諸本山も威容を整え、京都の保存が極めて積極的に行われました。
　天正18(1590)年、まず平安京以来一町四方（一辺約120m）であった条坊による町割りを変え（天正地割）、南北方向の通りの中間に新たに通りを建設し短冊形の町割区画にして、これまで空き地だったところを新たな町にしました。これにより京の街路は南北120m、東西60m間隔で長方形状に区画されることとなり現在に至っています。

鳴かせて
見せよう

嵯峨野、復興し、力強く変貌

聚楽第の跡

①北の丸北堀跡
北の丸北堀跡の段差
（石垣は新しいもの）

④南堀石垣検出状況（東から）
（公財）京都府埋蔵文化財調査研究センター：提供

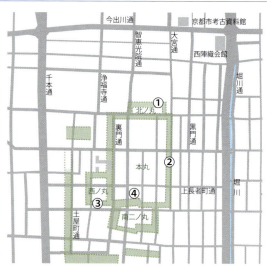

聚楽第の発掘調査位置図

②東堀断面（南から）
（公財）京都府埋蔵文化財調査研究センター：提供

③西の丸南堀跡
堀跡の南肩部（手前が肩部）

天正地割と御土居の発掘調査位置図

天正地割の跡

❶中京区楠町
天正地割に沿って建てられた江戸時代の町屋跡

❷史跡 旧二条離宮（二条城）
二条城内で見つかった区画溝跡

~紀元前130世紀	紀元前130世紀~紀元前4世紀	紀元前4世紀~3世紀中頃	3世紀後半~7世紀	6世紀末~710年	710年~784年	784年~794年	794年~1185年	1185年~1333年	1336年~1573年	1573年~1603年	1603年~1868年	1868年~
旧石器	縄文	弥生	古墳	飛鳥	奈良	長岡	平安	鎌倉	室町	**織豊**	江戸	明治時代~

御土居

　京都を囲む御土居の建設を進めました。北は紫竹・鷹ケ峰から、南は東寺まで約8.5km、東は鴨川右岸から、西は千本通西部まで約3.5kmの縦長の形で総延長23キロ、高さは3~5メートル。御土居は必ずしも直線状ではなく、特に西側では数箇所の凹凸があります。秀吉は上京・下京という枠組みを解体し、町を拡大するため御土居を建設しました。また外敵からの防御のため、そして平安京遷都以来この都を治めるものの宿願であった河川の護岸を行うため鴨川や紙屋川・天神川に沿って御土居を建設します。完成後はそれまで度々洛中を襲い、室町辺りまでの左京一面を泥の海とした大洪水はなくなります。平安京においても存在しなかった羅城が秀吉の手によって実現しました。その後江戸時代初頭に鴨川河川敷に高瀬川が開削され、商家が並び「洛中」は鴨川河畔まで広がります。

①上京区北野天満宮内(史跡 御土居)
境内の土塁部分で見つかった石組暗渠排水口

②北野天満宮境内
北野天満宮の紙屋川沿いにある御土居で、土塁が築造された時から植えられていたという伝承の樹齢600年のけやきの大木があり、紅葉が素晴らしい。

③北区大宮土居町(玄琢下)史跡
保存状態がよく長さ約250mに渡り土塁が残っています。土塁の上部には竹林があり、当時の姿が偲べます。

④北区鷹峯旧土居町・史跡
御土居の北西角にあたります。東側の「御土居餅」の光悦堂で鍵を借りて、中の見学も可能です。

⑤府立医科大学(模造御土居)
御土居跡を示すため河原町通の医大図書館前に土塁風の花壇があります。

⑥名勝 渉成園(枳殻邸庭園)
東本願寺の別邸で、御土居跡が渉成園の苑池に残されています。

⑦京都駅0番ホーム
京都駅構内の0番(旧1番)ホームは御土居の堀跡に建てられたといわれています。

嵯峨野、復興し、力強く変貌

京都改造、寺社の回復

　嵯峨野をはじめ、百年来の内乱により壊滅的な打撃を受けた多くの寺院・神社は、堂舎を失い、それぞれの領地の荒廃によって経済を支える裏付けが無くなっていました。たとえば日本最初の門跡寺院である仁和寺は、焼き払われ近くの双ヶ岡に小さな庵を構えるしかできない状態でした。

　こうした寺社の回復を図ったのは豊臣秀吉でした。天正16(1588)年、方広寺大仏殿建立に着手します。さらに寺社の経済を安定させるために、それぞれの領地を安堵するなど、支援策を積極的に進め、着々と寺社の回復を図りました。また、京内に諸寺院を移転させ、寺町・寺之内の寺院街ができました。さらに大坂にあった石山本願寺を最終的に京都に移転させ、広大な寺地を与えました。

嵯峨野の寺社、復興の兆し

　嵯峨釈迦堂も領地の安堵や多くの寄進者により、本堂や多宝塔が竣工し多くの参拝者で賑わいました。

　天龍寺も重なる火災や兵火により衰退したものの、豊臣秀吉から寺領の寄進を受けて復興しました。『洛中洛外図屏風』を見ると、長辻通沿いには、置き石板葺き屋根で切妻造の民家が建ち並びます。米俵を積んだ馬が馬方にひかれていたり米俵を担いだ男性がいたり、活気づいています。

　妙心寺の山内塔頭である長慶院は、豊臣秀吉の正室である北政所の姉の松嶽寿保信女(杉原くま)が創建しました。

　秀吉による寺社造営事業には、工事の迅速性に特徴があることもあって建築ブームになり、莫大な投資が京都経済を回復させました。大堰川の水運も復活し、川には筏流しが丹波から材木を運びます。臨川寺南側でその材木を運び上げ、陸路で京都へ運んだのでしょう。折からの建築ブームで材木の重要が大いに伸び町中が活気づきました。京都、嵯峨野に限らず丹波、山国にも経済効果は波及しています。

現在の京北町山国の山林風景(手前が上桂川)

清凉寺本殿

妙心寺山内塔頭　長慶院

伴天連追放

　当時の世界情勢、東亜諸国の情勢をみなければ、秀吉がなぜ朝鮮出兵を決意したのか、そして多くの大名たちが、なぜその秀吉に従い、兵を出し、勇猛果敢に他国に出て戦ったのかが、理解できません。

　ヨーロッパでは、十字軍の派遣やマルコ・ポーロの『東方見聞録』などでアジアへの関心が高まっていました。15世紀末から、国王や商人たちは、莫大な富をもたらす金銀や香辛料を求めて、積極的に海外に進出しました。植民地獲得競争になる「大航海時代」の幕が開きました。

　イスパニアやポルトガルは軍隊や商人、イエズス会の宣教師(伴天連)を先兵として、アメリカ大陸やアジアの各地に送り、キリスト教を広めると同時に、武力で多くの国々や地域を征服し、植民地化を進めていました。

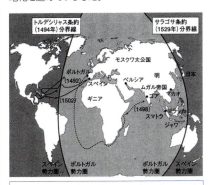

「大航海時代」ポルトガルとイスパニア(スペイン)はトルデシリャス条約とサラゴサ条約を結び地球上を2つに分け、奴隷貿易や植民地経営で莫大な収益を上げました。日本はポルトガルの勢力圏であったため、ポルトガル人が種子島にやってきました。

　日本では、京都や堺、博多などの商人が積極的に東南アジア地域と貿易を行っており、豊臣秀吉は海外の情報には関心がありました。

　キリスト教の布教を認めていた秀吉も、長崎の広大な土地がキリシタン大名からイエズス会に寄進されていたことを知ると、天正15(1587)年、伴天連追放令を出しキリスト教を禁止しました。秀吉は植民地活動を警戒する上で、明と連携した対応が重要だと考えます。しかし、明は植民地化への警戒がなく、秀吉の進言を無視します。しかし、この世界的な流れを防ぐには、明の国力と規模が必要でした。そのため明の征服を目指して、全国諸大名に経路に当たる朝鮮への出兵(文禄の役)を命じた、という説もあります。

朝鮮出兵(明・朝鮮連合軍に日本連戦連勝)

　日本軍が圧倒し連戦連勝を重ねます。『宣祖実録(25年5月の条)』によると、このとき朝鮮の民衆は朝鮮政府を見限り、日本軍に協力する者が続出したという。当時の李氏朝鮮は王族・両班を最上位とする強固な身分制社会で、全人口の三割から五割は奴婢(奴隷の一種)身分でした。

　朝鮮領土の大部分を占領しましたが、来援した明軍と講和交渉が開始され休戦になりました。休戦と交渉を挟んで、朝鮮半島を舞台に戦われたこの国際戦争は、16世紀における世界最大規模の戦争でした。しかし明との講和は決裂し、慶長2(1597)年には再び一部駐屯中の朝鮮に出兵が行なわれました(慶長の役)。明・朝鮮軍の総力を挙げた攻勢を撃退した日本軍でした。

　豊臣秀吉は、文禄5年の伏見地震で倒壊した指月城に代わり、新たに木幡山に伏見城を築城し大坂城から移ってきました。その翌年、伏見城で秀吉が死去したことにより全軍帰国しました。秀吉の死により、明国は窮地を脱しました。『明史』には、「豊臣秀吉による朝鮮出兵が開始されて以来7年、(明では)十万の将兵を喪失し、百万の兵糧を労費するも、中朝(明)と属国(朝鮮)に勝算は無く、ただ関白(豊臣秀吉)が死去するに至り乱禍は終息した」とあります。明は財政的にも大打撃を受け、1616年に「女真族」ヌルハチの清に滅ばされます。秀吉の死後豊臣家臣団は分裂し、慶長5(1600)年、徳川家康の東軍と石田三成・毛利輝元など西軍により、関ケ原の戦いが始まります。

包囲された加藤清正を毛利秀元らが救援して明軍に大勝した**蔚山籠城図屏風**
(福岡市立博物館所蔵)

嵯峨野、復興し、力強く変貌

江戸時代前期　1603年～1691年

天下泰平の世／嵯峨野の変貌・角倉家

京より江戸へ

天下の実権を握った徳川家康は、京都においては秀吉の都市再開発・経済の回復方針を継続します。二条堀川に新しく徳川の城を築城するため、敷地予定地内の町屋4～5千軒立ち退かせ、平安京の神泉苑の地を削り、堀に転用させながら築城しました。慶長8（1603）年、征夷大将軍に任ぜられた家康は、完成した二条城に入城します。265年続く江戸幕府の成立です。

二条城

京都の復興

　京都の寺院・神社の復興は、この時代も継続されます。幕府の本末制度・寺請制度もあって、江戸時代の京都の寺社は中世の黄金期が再来したかのようで、これは元禄期（1688～1704）頃まで続きます。

幕藩体制と元禄文化

　慶長19年と20年の冬・夏の大坂の陣で豊臣氏を滅ぼしました。この後幕府は17世紀中頃までに武家諸法度の発布、参勤交代の義務化、有力大名の改易などを通して諸大名と主従制を確固たるものとし、朝廷統制を強め、幕府官僚機構を整備しました。3代将軍家光が参勤交代を制度化したことで、地方農村と都市を繋ぐ交通網の整備を促し、五街道※が発達し、街道沿いには宿場町が発生しました。河川では水路を開き、海上では東廻り・西廻り航路を開発しました。キリスト教禁止の徹底と出島での管理貿易による鎖国を行い、琉球は薩摩・島津藩を通して、蝦夷は松前藩を通して支配しました。

　一方で、「幕藩体制」とよばれる封建制度は、大名による土地支配と強固な身分制度によって社会秩序をつくります。社会の安定化に伴って新田開発の大事業が各地で実施され、倍増した耕地面積は食糧増産と人口増加をもたらし、全国的な流通経済を大きく発展させました。そして、上方を中心に17世紀後半の元禄文化に結実します。

※五街道…江戸・日本橋を起点に伸びる東海道、中山道、日光街道、奥州街道、甲州街道の五つを指した陸上幹線道です。

皇都、京都は産業・工業都市

　京都の町は二条城築城や高瀬川開通などの土木建設を通じて急速に拡大しました。3代将軍家光の頃は、町方人口35万人、公家・武士5万人の計40万人とされ、大坂は50年ほど後に34万人、江戸も50万人前後でした。政治の首都は江戸、大坂は商都、京都は皇都で、そして中世以来永い伝統に培われた技術、資本がありました。江戸幕府初期以来、幕府と密接な関係を持つ茶屋、角倉、亀屋など初期豪商達がおり、この豪商たちは、強力な資本と経営力で、日本各地の経済そして海外との交流(朱印船貿易)により巨利・巨富をものにしました。寛永の鎖国令によって海外貿易が縮小しますが、逆に国内市場の開発に向かいます。また、先進的な商人が積極的に他都市に進出し、江戸店持京商人、大坂店持京商人といわれます。越後屋(のちの三越)、大文字屋(のちの大丸)等です。

土倉角倉家の大躍進

　戦乱が終息した江戸時代に入り、嵯峨野はようやく復興が始まります。江戸幕府の支援により天龍寺や妙心寺などが続々と回復し、仁和寺御影堂と五重塔など再建されています。しかし、まだ盛時の門前町の回復はなかったようです。

仁和寺御影堂

　嵯峨野の風景が大きく変わるのは、江戸時代初頭の慶長11(1606)年に角倉了以・素庵が保津川を開削して以後のことです。角倉了以は、戦国時代から江戸時代初期にかけての京都の豪商(土倉)で嵯峨に住んでいました。了以が住んでいた嵯峨では当時16軒もの土倉があり、天龍寺から臨川寺付近に多く軒を連ねていました。角倉家(吉田家)の土倉は嵯峨の大覚寺の境内で営まれていました。

　土倉業とは金融業であり、創業時の室町末期は一揆などが頻発する世情でした。土倉角倉家は店の防衛策として、嵯峨で信仰を集めていた愛宕神社との関係強化を図ります。寄進や灯明費を負担するなど神社との関係を深め、徳政令から除外される特別待遇を得ます。当時の嵯峨では、いかに愛宕神社は畏怖され神威が強かったということがわかります。神社も角倉家との関係強化は望むところでした。こうして愛宕神社の威光を背景に、室町末期の動乱を生き抜いた角倉家の土倉業は、大覚寺境内だけでとどまらず、次々に一族系列の店舗を増やし、嵯峨で独占的な勢力となります。

保津川開削の大事業

　その当時、秀吉政権から江戸時代初期にあっては大変な流通革命が起きていました。秀吉は京都、大坂に屋敷を与えて大名の奥さんや子供を住まわせていました。その結果京都を中心に人口が増加すると同時に都市経済が膨張していきました。米などの食料や木材などの需要は増大し、丹波地方からの大量な供給が望まれました。当時、すべて筏によって運ばれていましたが、江戸時代になり、了以は幕府の許可を得て、自費で工事を行い、通行料(船賃)で回収を図りました。了以の開削工事によって、船によ

嵯峨野、復興し、力強く変貌

る物流が可能になりました。また、船ばかりではなく筏の量が飛躍的に増え、筏師にとっても工事はかなり恩恵があったのではないかと思われます。

　また、己の利益のことばかりではなく、公共の利益も考え、当時の社会ではあまり例がないことでしたが、工事による農民の被害の補償なども行ったそうです。近江出身の角倉とすれば、「売り手よし、買い手よし、世間よし」の近江商人の家訓の実践であったのでしょう。

角倉了以像（亀山公園内にある）

大悲閣千光寺

現在の渡月橋

嵯峨野の変貌

　開削工事には多くに困難や事故もありましたが、わずか5か月で完成します。この時、渡月橋も現在の位置に架け替えられました。丹波から京都へ向かって流れている保津川（大堰川）に舟を流し、丹波地域の豊富な材木や薪炭、米や野菜などの物産を効率よく運ぶことにより、嵯峨は丹波と京都をつなぐ水運の要地となりました。材木・薪などを扱う問屋などが並ぶようになり、と同時に丹波の材木や薪炭の生産量は飛躍的に増加しました。角倉は、この地に舟番所を設けましたが、その趾が"花のいえ"（公立学校共済組合 嵐山保養所）であり、了以の邸宅の一つと言われています。町名は「嵯峨天龍寺角倉町」で裏（北）には角倉稲荷神社があります。また神社の西には平安時代の陰陽師・安倍晴明の墓所があり、晴明墓は室町時代の応永鈞命絵図にも記載されています。

　なおこの保津川は舟運や筏流しだけでなく、鮎漁も盛んでした。この漁業権は中世以来禁裏に鮎を献上している山国郷（現、右京区京北町）が特権として独占していました。

　さらに慶長16(1611)年、了以は二条大橋西から、鴨川の水を引いた高瀬川の開削工事に着手し、3年後の慶長19年に、二条から伏見の港まで工事を完成させました。これにより京都二条から伏見、そして宇治川を経由して大坂までの舟運ルートが成立しました。政治の中心が江戸に移り、地盤沈下が杞憂された当時の京都は衰退することなく、経済・文化都市として発展していきます。

　嵐山の大堰川右岸にある大悲閣千光寺は、了以が保津川開削工事で殉職した人々

の菩提を弔うため、嵯峨の千光寺をこの地に移し創建したものです。本尊の千手観音のほか角倉了以の像が祀られています。

「花の山　二町のぼれば　大悲閣」(芭蕉)。

なお、幕末の文久3(1863)年、淀に住む豪商、河村与三右衛門の立案によって、物資の運搬用の運河として西高瀬川が開かれ、丹波の薪、農産物が嵯峨から壬生へ入ります。また中小の河川を鴨川まで繋いで、そこを経由することにより伏見から壬生、二条城に入る諸商品の量は倍加します。西高瀬川は、明治になって京都府が引継ぐ形で改修し筏の舟入場ができ、伏見の鴨川まで開通します。

角倉隧道

角倉了以の甥にあたる吉田光長(1595～没年不明)と吉田光由が、大覚寺門跡の依頼により江戸前期(1620年頃)に菖蒲谷池を築造し、同時に池から北嵯峨へ角倉隧道と呼ばれる隧道を掘削しました。大覚寺の北にあたる北嵯峨一帯の灌漑水源になっています。今日でもその水は絶え間なく送り続けられ、この一帯を潤し続け農業用水として、また嵯峨野の美しい景観を支えています。

平成24(2012)年、隧道樋口付近の工事中に古い木樋(断面1メートル角、長さ8メートル程度)が出土され、現在二尊院に展示されています。二尊院には角倉家の墓所があります。また角倉家から小倉山の麓の土地を寄進された日蓮宗の日禎が隠棲の地として開いた常寂光寺があります。

直指庵付近にある隧道顕彰石碑

今も活躍している角倉隧道

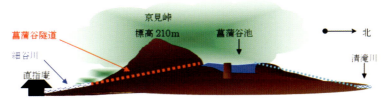

出典:京都域粋　63号　「角倉一族」

嵯峨野、復興し、力強く変貌

文人たちの嵯峨野

　角倉素庵が嵯峨を拠点に刊行した古活字版（製版もある）は『嵯峨本』と呼ばれ、その華麗な意匠は当時世界でも類を見ないとされています。俵屋宗達や本阿弥光悦らの協力を得て出版しました。16世紀末にキリシタン版や朝鮮半島を通じて活版印刷術が伝わったことに刺激を受けて、日本でも次第に出版が盛んになっていきますが、その最初期の一つが嵯峨本です。当時の京都には富を蓄積した商人、五山版※以来の職人、読者層が存在していたことが嵯峨本が生まれた背景にありました。

嵯峨本「伊勢物語」
（小学館　日本大百科全書（ニッポニカ）より）

※五山版…京都五山を中心に出版された本

　松尾芭蕉の弟子・向井去来（1651年－1704年）が別荘として使用していた草庵の落柿舎があり、芭蕉も3度訪れて滞在し「嵯峨日記」を書きました。また、芭蕉を尊敬してやまない与謝蕪村も何度も嵯峨野を訪れ、7～8の俳句を残しています。（なお、去来の当時の庵の正確な場所は不明です）

「五月雨や　色紙へぎたる　壁の跡」（芭蕉）
「柿主や　梢は近き　あらしやま」（去来）
「若竹や　夕日の嵯峨と　なりにけり」（蕪村）

嵯峨野の町並みと愛宕参り

　嵯峨釈迦堂（清凉寺）の西門からの愛宕街道沿いにも民家が並んでいます。火伏せに霊験のある神として全国に900の末社をもつ愛宕神社。その門前町の嵯峨鳥居本は、愛宕参りで多くの人が集まってきたところです。江戸時代から始まった愛宕講は「伊勢へ七度　熊野へ三度　愛宕さんへは月参り」といわれ、京都及びその近郊では各町各地域で多くの講が組まれていました。現在も毎年7月31日夜から翌朝に行われている千日詣りは、全国からの参拝者で賑わいます。また愛宕神社の鳥居前町として発展した嵯峨鳥居本には、一の鳥居があり愛宕山参道の山麓の入り口に位置します。その少し北にある愛宕念仏寺は別名千二百羅漢の寺といわれてます。

落柿舎

愛宕念仏寺（撮影：春田正弘）

　嵐山の中腹に位置する法輪寺は、室町時代応仁・文明の乱により罹災しましたが、江戸時代後陽成天皇により再建されました。（幕末、元治元（1864）年の禁門の変により、再度罹災焼失。明治になり再建）
　渡月橋が角倉了以によって現在の場所に架橋され、天龍寺から嵯峨釈迦堂（清凉寺）

への長辻通には多くの民家が並び、見世棚（店）も多く出ていました。天龍寺門前の賑わいもあり、さらに嵯峨釈迦堂から東の大覚寺までの街道にも、多くの民家が立ち並び大覚寺の門前と合わせて活況を呈していました。

　大覚寺の北、北嵯峨北ノ段町にある直指庵は孟宗竹の竹林で有名です。江戸初期の正保3(1646)年に独照禅師が「直指人心」の黄檗の正統を守り、寺号をつけず直指庵としましたが、江戸後期には衰えていました。江戸時代末期、村岡局によって再興されました。(P85)

　京都の蒸し暑い夏を過ごすため、大堰川の河狩として鵜飼も行われています。河原での魚釣りもよく行われており、大堰川のハエは美味としてことのほか珍重され、河狩は夏の風物詩にとって欠かすことのできないものでした。

　江戸時代の嵯峨の石高※はほぼ2400石で推移して、公家領・門跡領による相給※となっていました。蔬菜栽培が盛んになり京都市中への供給基地となっています。またこの頃から竹林が多くなりました。

※石高…域内総生産、現代の地域GDPともいえる。江戸時代、相場にもよるが1石は約8万円程度と考えられる。2,400石は約2億円。ちなみに、加賀100万石は、約800億円の計算になる。

※相給…一つの村落に対し複数の領主が割り当てられている状態

大堰川の魚釣り（拾遺都名所図会）
（国際日本文化研究センター Webより）

鳥居本　一の鳥居（撮影：和田弘）

大堰川水運と丹波材

　渡月橋北端から東、臨川寺、鹿王院界隈も民家が多くあり、三条通には材木商や運輸業で賑わっていました。京都市中への需要材木は、主に3つのルートを経て運ばれていました。1つは大坂の材木市場から淀川・高瀬川を逆流して京都内の材木屋に到着する諸国材、2つ目は京都の北に当たる久多・花背材で安曇川を筏で流し大津市場に、3つ目は丹波の山国を中心とする丹波材で保津川・大堰川を筏で流し桂川の嵯峨・梅津・桂の3か所の材木屋に着荷され、そこから陸路牛車で運ばれ、京都市内の材木屋に売り捌かれます。19世紀頃、大堰川の筏の流下総数は年間2000から2500で、1筏300本前後の材木だから総数は60万〜70万本となり、丹波材の京都市中の需要に占める比重はかなり高いと思われます。嵯峨・梅津・桂の3か所の材木屋仲間件数は、大まかに（新規や廃業がある）それぞれ10軒、2軒、4軒と考えられます。また丹波の山国地方を含む久多・花背郷などの近隣山林は杉の植林が盛んでした。

嵯峨野、復興し、力強く変貌

江戸時代中期〜後期 1692年〜1853年

発展と動揺／嵯峨野の観光

18世紀初期の江戸は人口100万人前後に達しており、日本最大の消費都市であるばかりでなく、世界最大の都市でした。当時の江戸と大坂を結ぶ東海道※が、18世紀には世界で一番人通りの多い道だったといわれています。成長経済基調のもと、町人層が発展し、学問・文化・芸術・経済等様々な分野の活動が活発化します。しかし飢饉やゆきすぎた倹約により百姓・町民からの不満を招き、百姓一揆や打ちこわしが頻発します。欧米諸国は18世紀後半の産業革命によって、世界各地に植民地獲得のための進出を始めました。

※東海道…日本を訪れた外国人の記録では、「この国の街道には、毎日信じられないほどの人間がおり、季節によっては住民の多いヨーロッパの都の市街路と同じくらいの人が街道に溢れている。(中略)一つにはこの国の人口が多いこと、また他の諸国民と違って、彼らが非常によく旅行することが原因である。」〈ケンペル著「江戸参府旅行日記」〉

京都の価値「千年の古都」

18世紀後半以降、他地方都市の特産物の増加、京都技術の地方移転によって、京都産業の絶対的地位は低下します。さらに、享保15(1730)年の西陣の大火(西陣焼け)、天明8(1799)年に起きた京都最大の大火(天明の大火)が、京都を灰燼に追い込みます。

ただ全国的に京都は「千年の古都」という価値観があり、また文化水準が高かったため家元制度が発達し、全国に広がっていきます。庶民の生活条件の向上と交通網の整備などが、庶民の本山参りや名所見物など、旅への欲求を実現可能にしました。そうした旅行の対象として最適な京見物が流行を迎えます。

18世紀から19世紀にかけて、観光向きの産業は順調に発展を見せます。わざわざ「京」を冠した製品が登場。京呉服、京菓子、京人形、京仏壇、京扇子、京焼等々です。また京都の観光ガイド「都名所図会」など、多くの種類の本が数多く出版されました。

都名所図会

都名所図会より　本願寺

都名所図会より　生洲

嵯峨野の観光

　寛政元(1789)年、江戸の絵師、司馬江漢は「都名所図会」のベストセラーぶりを見て京都を訪れます。江漢は精力的に京見物を行っています。例えば洛中の旅籠、日野屋から北野社に参詣し、平野社を通って金閣寺に行き入寺料を支払い、そこから御室を経て、嵯峨釈迦堂に参り、嵐山の虚空蔵あたりで酒食をとります。昼食後桂川を下って東寺に行き、折からの開帳の人出に驚きつつ、本願寺前を通って日野屋に戻ります。約30km歩いています。また、別の日には愛宕山に登っています。「京地は婦人よし。神社仏閣をかたどり景色よし。東都と異なる」

　その13年後の享和2(1802)年、江戸の作家、滝沢馬琴が「都名所図会」にひかれて京都を訪れています。自身が書いた『羇旅漫録』に「‥人物亦柔和にして、路をゆくもの争論せず、家にあるもの人を罵らず。上国の風俗事々物々自然に備わる。予江戸に生まれて36年、今年初めて、京師に游で、暫時俗腸をあらひぬ。……」と記しています。名所旧跡・風俗・人情に触れ京の文化を吸収しながら、批判もしています。

司馬江漢「江漢西遊日記」
「女土器を投げる妙なり。」

飢饉と改革

　5代将軍綱吉は、大寺社を次々造営したので幕府の財政は赤字になりました。18世紀、長崎貿易によって多くの金銀が流出し、新井白石が、海外への金銀の流出を防ぐ法律（海舶互市新例）を出しました。8代将軍徳川吉宗は享保6(1721)年、幕府権力の再強化と財政再建などの享保の改革*を進めますが享保の大飢饉*が発生します。10代将軍家治の時に老中の田沼意次が政治の実権を持ち(1767～1786年)、商業重視の政策を進めますが、浅間山の大噴火による天明の大飢饉*で庶民の批判が高まり、天明の打ち壊しなどが発生します。11代将軍家斉のもとで、老中松平定信は寛政の改革*(1787～1793年)に取り組み、幕府財政の再建と天明の飢饉で打撃を受けた農村の立て直しを図りますが、6年で中断しました。

　19世紀前半の11代将軍家斉から12代将軍家慶の6年間に、天保の大飢饉*が発生し、大坂では大塩平八郎の乱がおこります。老中水野忠邦のもとで天保の改革*を進めるも、幕藩体制は次第に動揺していきます。江戸時代は全期を通じて寒冷な時代であったといい、凶作や飢饉が絶えなかったのです。

※享保の大飢饉、天明の大飢饉、天保の大飢饉は「江戸三大飢饉」といわれている。寛永の大飢饉（徳川家光期）をいれて、四大飢饉ともいう。この内、最大規模の飢饉は、天保の大飢饉である。

※享保の改革、寛政の改革、天保の改革は「江戸幕府の三大改革」と呼ばれる。これ以外にも、大規模な財政・制度改革は幾度にも亘って行われている

嵯峨野近辺の騒動

　嵯峨野辺りでは、領主に対する百姓一揆は少なく、村方騒動が数件起きています。文政3(1820)年、葛野郡西梅津村で、庄屋が年貢を不当に取り立てたこに反対する農民の動きがありました。天保7(1836)年、仁和寺・大覚寺・天龍寺などの寺社領がある嵯峨野で強訴が起きました。凶作による年貢の軽減に関するものと思われます。同じ年、葛野郡革島村で、凶作の折から百余人の小前百姓が減免・救米の要求を出し、庄屋に対する不信任が行われました。

享楽的な化政文化

　文化文政時代(1804年-1830年)、江戸を中心に享楽的色彩が強い町人文化(化政文化)が花開きました。浮世絵や滑稽本、歌舞伎、川柳など、一般に現代に知られる江戸期の町人文化の全盛期にあたり、国学や蘭学が大成した時期ですが、江戸幕府が衰退する始まりでもありました。

　伊勢講のお蔭参りでは、文政13(1830)年が60年周期の「おかげ年」として意識され、参加人数は大幅に増えました。当時の日本総人口は約3230万人(1850年)と言われている中で、参詣者は約430万人を数えています。何故か参詣するときに、柄杓を持って行って伊勢神宮の外宮の北門で置いていくということが流行りました。阿波の巡礼の風習が広まったとも言われています。物価上昇が起こり、大坂で13文のわらじが200文に、京都で16文の柄杓が300文に値上がりしたと記録されています。

お蔭参り「伊勢参宮・宮川の渡し」
歌川広重(神奈川県立歴史博物館　蔵)

ロシアの南下

　18世紀末(1792年)ロシアのラクスマンが根室に来航、国交を求めますが拒否します。12年後の1804年今度はロシアのレザノフが長崎にやってきましたが、それも拒否します。レザノフは樺太などの日本人を攻撃しました。ロシアの南下政策に危険を感じた林子平が『海国兵談』の中で、「江戸の日本橋より、唐・阿蘭陀迄境なしの水路なり」と海防の重要性を説いています。その書は没収されましたが、伊能忠敬が蝦夷地を測量し、間宮林蔵らは樺太を探検しました。

海国兵談

仙台市博物館webより

web木田順一郎・私の古典
(生活社版全集)より

李朝朝鮮の対応

　朝鮮半島の「李朝朝鮮」は、明が滅んで満洲民族が樹立した清が大陸を支配すると、儒教を核とする中華文明の継承国は朝鮮だけだと考え、「小中華」という自尊心と内向性を深める状態になりました。清の勢力が確定すると、今度は君臣父子の礼をもって宗主国の清に仕える関係になり、事大主義の外交を繰り広げます。世界の情勢を客観的に見ることのできない状況になっていました。この李氏朝鮮に対して、江戸幕府の外交政策は朝鮮を正式な国交のある通信国※として扱い(対馬藩宗氏が仲介)、正式な国交がなく通商関係(長崎貿易)だけのオランダ、清を通商国としました。

※通信国・朝鮮通信使…李氏朝鮮から、徳川将軍が代わるたびに祝賀の使節として通信使が江戸に派遣された。

漢民族の明滅亡、満洲民族の清興隆とアヘン戦争

　江戸幕府が開かれた頃、満洲にいる「女真族」の統一を進めたヌルハチ(太祖)が、1616年に建国し漢民族の明が滅び、満洲民族(女真族)の清が興ります(1636年)。江戸時代初期の頃です。

　18世紀に入るとイギリスは産業革命による資本蓄積や、アメリカ独立戦争の戦費確保のため、植民地のインドで栽培した麻薬であるアヘンを清に密輸出します。19世紀の大陸は大規模な社会動乱、経済停滞、民度が低下し、自暴自棄の下層民が増えたことで、漢民族中心にアヘン吸引者が増え、健康を害する者が多くなり風紀も退廃していきます。清朝政府はアヘン密輸の取り締まりをしましたが、結果としてイギリス艦隊との戦闘(1840年～42年:第1次アヘン戦争)で破滅的な敗戦をし、イギリスと不平等条約(南京条約)が結ばれました。20年も経過しないうちに第2次アヘン戦争(アロー号戦争)が起こり、イギリスとフランスの連合軍が北京を占領し最終的に北京条約※を締結しました。

※南京条約…香港島のイギリスへの割譲、賠償金支払い(約銀600万ドル)、広州・上海等5港の開港・治外法権の承認・関税自主権の喪失　等

※北京条約…外国公使の北京駐在・外国人の国内旅行の自由・九竜半島南部をイギリスに割譲・キリスト教の布教、アヘン輸入の公認　等

~紀元前130世紀	紀元前130世紀~ 紀元前4世紀	紀元前4世紀~ 3世紀中頃	3世紀後半~ 7世紀頃	6世紀末~ 710年	710年~ 784年	784年~ 794年	794年~ 1185年	1185年~ 1333年	1336年~ 1573年	1573年~ 1603年	1603年~ 1868年	1868年~
旧石器	縄文	弥生	古墳	飛鳥	奈良	長岡	平安	鎌倉	室町	織豊	**江戸**	明治時代

江戸時代末期　1853年~1868年

幕末の激動期／天龍寺、禁門の変

世界史的な波が本格的に江戸幕府・日本に打ち寄せ、日本の政治的大変動がおこりました。幕末のこの激動を乗り切り、維新を迎えます。

アヘン戦争と幕府

　清朝を「眠れる獅子」とよび、潜在的に強力な軍事力がある国と思われていました。ところがアヘン戦争でイギリスに簡単に負けたという情報は、幕府を震撼させます。このため列強諸国とのトラブルを避けるために1842年「外国船打払い令」を廃止し、来航した外国船に燃料の薪や食料・水を与えて退去させるようにしました。しかし、開国はせず鎖国政策は維持していました。19世紀中頃、アヘン戦争からわずか2年後の1844年、オランダの国王が江戸幕府に開国を勧告します。時の12代将軍徳川家慶は翌年にこれを拒否しました。

黒船4隻

　嘉永6年(1853)年、アメリカの東インド艦隊司令長官ペリーが浦賀に黒船4隻を率いて来航しました。このことは幕府及び日本国中に大きな衝撃を与えました。日本は周囲を海に囲まれ外国からの侵略に関して、世界一というほど安全な国でしたが、黒船の登場がこの常識を変えてしまいました。黒船とは、蒸気機関で動く鉄製の巨大な軍艦で、巨大な大砲を積み、人員も多数載せている「動く砲台」です。それが首都江戸の目の前に出現し、米大統領の国書をもって開国を迫りました。またロシアのプチャーチンが長崎に来航し開国を迫りました。
　「太平の眠りを覚ます上喜撰、たった四杯で夜も眠れず」という川柳も詠まれました。それからわずか15年後に「明治」が誕生します。
　ペリーは翌年再び来航し交渉が開始され、最終的に幕府(老中阿部正弘)は開国を決定し「日米和親条約」を結び下田と函館の港を開きます。さらに、イギリス、ロシア、オランダとも同様の条約を結びました。

修好通商条約

　朝廷(孝明天皇)からすれば、そもそもなぜ「征夷大将軍」である徳川家に大政を委任しているのか。
　それは、「夷」(外国人)を征伐するためです。アメリカ、イギリス、フランス、ロシア…が続々やってきました。それらを征伐するどころか、追い払う気概もなく要求を呑んでしまうことに対して、孝明天皇が政治の前面に押し出されました。
　安政5(1858)年に入り、下田のアメリカ領事館ハリス総領事の要求した通商条約の締結をめぐって、大老井伊直弼は、孝明天皇が「勅許」を断固拒否したため、「勅許」を得ないまま「日米修好通商条約」に調印しました。同様にイギリス・フランス・オランダ・ロシアとも結びました。安政5(1858)年には、これらの諸藩に反対する者たちを弾圧した「安政の大獄」があります。この時後述する村岡局も投獄されます。安政7(1860)年には、それに反発して江戸城「桜田門外の変」が起きました。
　しかし、植民地化の圧力が日本に強くかかる迄には少し時間がかかります。アメリカは南北戦争(1861~1865年)、イギリスはボーア戦争(1880~1902年)やロシアとのクリミア戦争(1853~1856年)で新たな植民地獲得どころではなかったからです。

「ペリー浦賀来航図」
(彦根城美術館蔵)

生活への影響

不平等条約「日米修好通商条約」締結などで、庶民生活が影響を受け、苦しめられることになります。関税自主権がないため海外から関税の低い商品や原材料が入り、国内の農作物などが大打撃を受けました。また国内の高品質な生糸やお茶が大量に輸出され品薄状態から、価格の高騰で諸物価にも影響が出ました。このため幕府に対して不満が高まり、外国人への憎悪も高まっていきます。

世界の流れ、帝国主義

幕末から明治時代の頃、世界で有色人種の完全な独立国は、日本、タイ、トルコ、エチオピアの4つだけといわれています。また、長らく東アジアの盟主であった清朝は、白人勢力に次々に侵食されてガタガタになっていましたし、朝鮮は清朝の属国でした。

当時は「力こそ正義」の完全な実力主義であり、軍事力と経済力が強い国はどのような非道を働いてもそれがまかり通った時代でした（帝国主義時代）。国家間で締結される条約はこうした力を背景にしているため、力の弱いものは植民地になるか、「不平等条約」を押し付けられて泣き寝入りをするしかありませんでした（幕末に締結された「日米修好通商条約」は、まさしく不平等条約でした）。日本人が、西欧列強に対して非常な恐怖心を抱いたのは当然です。日本はこの大きな世界史の流れに、幕末から否応なしに放り込まれてしまったのです。

欧米人から見た幕末の日本人

江戸時代の後半から幕末〜明治にかけて、欧米国家の海外進出に重ねて多くの欧米人が来日しました。

その中の一人、ケンペルの『江戸参府旅行日記』の一部を紹介します。彼は、オランダ商館の医師を勤め、1691年と1692年の二度に亘って長崎・江戸を往復しました。

- どんな小部屋でもきれいに飾ってあって、そうでないのを見受けることがないのは、国内の材料でこと足りるからである。従ってきれいにしておくことが一層容易なのである。家は杉や松の材木で建てられ、前から後ろへ風通しが良いように開け放すことができるので、大へん健康的な住居と考えてよい。
- 旅館の主人らの礼儀正しい応対から、日本人の礼儀正しさが推定される。世界中のいかなる国民でも、礼儀という点で日本人にまさるものはない。のみならず彼らの行状は、身分の低い百姓から最も身分の高い大名に至るまで大へん礼儀正しいので、われわれは国全体が礼儀作法を教える高等学校と呼んでもよかろう。そして彼らは才気があり、好奇心が強い人たちです。
- 住民は均整がとれていて小柄である。ことに婦人に関しては、アジアのどんな地方でも、この土地の女性ほどよく発育し美しい人に出会うことはない。

Web樹懶庵　欧米から見た日本〈ケンペル（斎藤信訳）『江戸参府旅行日記』東洋文庫303, 平凡社, 1977〉より

幕末の京都、政治の表舞台

ペリーが国書をもって日本に開国を要求したことに対して、幕府は諸大名に開国の可否を諮問しました。幕府創設以来、外交に関わることは幕府の専権事項でしたが、自らそれを破って諸大名（家来）に問いました。様々な政治的意見が噴出し、日本全体に政治的変動が起こりました。

幕末の動乱は、京都周辺地区も巻き込みました。ペリーの来航は山城の各地にも伝わり、対外危機の状況は深刻に受け止められました。例えば、南山城神主仲間が異国船降伏祈願を行い、その後各神社で次々に祈願の会が催されます。向日町向日神社や城陽の寺田村水度神社などでも7日間祈願が行われ、園部藩では大砲を製造しています。

京都は再び政治都市として戻ってきました。京都では梅田雲浜、頼三樹三郎などが尊王攘夷を唱え、色々な意見を持った諸大名や家臣達は、朝廷と関係を持とうとして続々と京都に集まってきました。

ペリー来航から10年も経つと京都はさらに激動、文久3(1863)年3月、14代将軍家茂が入洛しますが、すでに薩摩・長州・土佐の雄藩をはじめ数万の諸藩士が入洛をしています。その年8月18日に京都御所（孝明天皇）を中心に、朝廷（公）の伝統的権威と、幕府及び諸藩（武）を結びつけて幕藩体制を維持しようとした公武合体派が、長州を中心とした攘夷急進派を排除しました。

京都の喧騒、材木商

経済面では、安政5年の日米修好通商条約の締結により、京都を代表する西陣も大打撃を受けました。

国内の良質な生糸が外国貿易の主要な輸出品となり、西陣への集荷が著しく減り糸価も急騰、とりわけ影響は零細な織屋に強く現われ、殺人事件などもおこりました。

江戸初期から京都に多くの大名屋敷が点在しますが、幕末になると各藩は手狭になった屋敷の増築や新屋敷の購入などで、侍人口と侍関係施設が一気に増します。建築増加のため、嵯峨や堀川の材木商達は各藩との繋がりが増えていきます。薩州木場、長州木場、備前木場などと藩名をつけた木場が京都市中にでき、例えば薩州木場は、丹波の52村が共同で設けた薩摩藩御用材を商う出店で、京都堀川中立売通にありました。

文久2(1862)年京都防衛のため、公武合体・佐幕派として会津藩主松平容保(かたもり)が京都守護職に任命され入洛し、新選組などを配下にします。諸国から上ってきた尊王攘夷・討幕派の志士たちも多く、血なまぐさい場所でもありました。池田屋事件、佐久間象山暗殺、坂本龍馬・中岡慎太郎襲撃、大村益次郎襲撃などがおこります。

村岡局と嵯峨野

大覚寺門跡家臣の津崎左京の娘として生まれた矩子(のり)は、左大臣の近衛忠煕に侍女として仕え、江戸城に行きます。後に侍女筆頭の老女の地位に就き津崎村岡局(むらおかのつぼね)と名乗りました。尊王攘夷運動家として、近衛家やその他の公卿と尊王攘夷派の志士らの橋渡し役となり、西郷隆盛の相談を受けたこともありました。このため安政5(1858)年の安政の大獄によって江戸で投獄されました。明治維新後、賞典禄20石を賜り、北嵯峨にある直指庵を浄土宗寺院として再興して、地元住民の教育に尽力し、八十八歳で亡くなりました。村岡局は、幕末の歴史をつくった志士たちの陰の立役者で、地元の偉人です。亀山公園に銅像があります。

凛とした表情で端座する村岡局の銅像

天龍寺と禁門の変

幕末、下嵯峨の材木商・福田理兵衛は尊王攘夷運動が活発になると、「長州に奉ずるは　即ち国に奉ずるの道なり」と決意して、長州藩の勤皇倒幕運動を支援しました。

彼は長州藩から、天龍寺に屯所を置き軍事拠点を造るため借用交渉を依頼され、何

福田理兵衛
(web面白きこともなき世を面白く)より

嵯峨野、復興し、力強く変貌

回かの交渉の結果、天龍寺山内24ヶ寺、清凉寺ほか民家30戸を借入することが出来ました。天龍寺には「長州旅館」の門標が掲げられ、理兵衛が長州藩用達となり経済面では莫大な支援をしました。御用達となった経緯は詳かではないですが、おそらく材木の取引を主体とした関係であったと思われます。こうした京都商業と諸藩の結びつきは、特にこの時代に急速な発展を見せました。

公武合体派が長州を排除した翌年の元治元(1864)年、長州軍が赦免を願って京都に戻り蛤御門の戦い(禁門の変)が始まり、京都の中心部が激戦地となりました。市中はたちまち猛炎に包まれ、民家や寺社など京都市内の60％以上を焼き尽くす大惨事(どんどん焼け・鉄砲焼け)になり、京都最大の天明の大火に次ぐ規模だったといいます。

禁門の変の戦闘は長州藩の惨敗に終わりました。長州藩兵を宿営させた天龍寺の処分と、長州藩兵の残党狩りを行うため戦闘が続けられました。薩摩藩が天龍寺に向かって大砲を撃ち、諸堂の大部分を焼き払います。これにより、天龍寺の焼失は8回目となりました。塔頭の弘源寺の本堂の柱に残る刀傷は、天龍寺に陣を構えた長州藩の軍勢が、血気に逸り試し切りをしたものという。この時、渡月橋を挟んだ川向こうの法輪寺もことごとく灰燼に帰しました。さらに薩摩兵は理兵衛の財産を没収し旧宅は焼失させられましたが、本人は長州に逃れました。墓所は正定院(車折神社東)にあります。

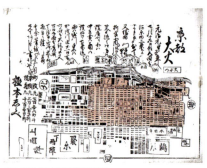

どんどん焼け(蛤御門の変)
京都市歴史資料館

弘源寺

「禁門の変」〈Web京千年伝説の散歩路第131話より〉
進軍する長州兵と避難する京都の市民「甲子兵燹図」より

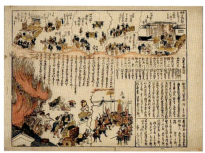

長州藩と幕府軍の激戦であった
被害の範囲を描いたかわら版

大政奉還

慶応2(1866)年15代将軍一橋慶喜(徳川慶喜)の宣下が二条城で行われました。しかし慶喜の最大の庇護者であった孝明天皇が亡くなると、翌年から倒幕の動きが大きくなります。薩長両藩に討幕の密勅が下されそうになっているのを察知した徳川慶喜が、討幕の大義名分を消滅させるために慶応3年10月14日(1867年11月9日)に大政奉還を奏上し、翌15日に明治天皇は奏上を勅許しました。江戸幕府は265年間の幕を閉じました。討幕派は慶応3年12月9日(1868年1月3日)に王政復古の大号令を発し、薩摩・長州・土佐藩らを中核とした新政府樹立を宣言しました。翌(1868)年、新政府の基本方針として明治天皇から「五箇条の御誓文」が示されました。

大政奉還〈「大政奉還」の上表文を発表した二条城二の丸御殿〉(webおけいはんねっと京都ツウのススメより)

戊辰戦争

12月11日に下坂した旧幕府勢力と、慶応4(1868)年正月に京都南郊で軍事衝突「鳥羽・伏見の戦い」が起きます。戦に勝利した新政府軍は徳川慶喜を朝敵とし、翌明治2年(1869年)まで1年半に及ぶ旧幕府軍対新政府軍(官軍)の内戦である戊辰戦争が続きます。薩摩藩など新政府側はイギリスと関係があり、トーマス・グラバー(グラバー商会)等の武器商人と取引をします。また旧幕府はフランスから軍事教練や武器供与などの援助を受けます。戦争が早期に終結したため、欧米列強による内政干渉や武力介入という事態は避けられ、日本が植民地化する危険は、この時点では取りあえず避けられました。

さらに、欧米諸国には理解できない国体があります。権威としての皇室の存在がありました。初戦の鳥羽・伏見の戦いでは、旧幕府軍15,000人対薩長軍5,000人と、兵力の差がありましたが、旧幕府軍の御大将徳川慶喜は「錦の御旗」があらわれると朝敵になることを恐れ戦意喪失し、主戦派が多数を占める将兵には口にせず、江戸に帰ってしまします。錦の御旗と「宮さん宮さん」の歌詞は、戊辰戦争での薩長軍(官軍)の気勢を描いています。武力(権力)ではなく、官軍としての権威に対して、旧幕府軍の兵隊達の意気が削がれます。もちろん「錦の御旗」だけではなく、物理的に薩長軍はイギリスから大量の鉄砲等の最新武器で優位に立っていました。

大堰川最上流部の丹波国・山国郷(現右京区京北町)は山国隊を組織し、官軍に従って江戸・東北まで転戦しました。凱旋・帰郷した時も錦の御旗を護衛し、鼓笛隊によって「宮さん宮さん」の軍楽で行進しました。現在も毎年10月22日の時代祭の先頭を切るのは山国隊の鼓笛隊です。また、毎年10月第2日曜日に行われる山国神社の例祭では、維新勤王山国隊が行進し賑わいます。

鳥羽伏見の戦い〈会津の人 山本覚馬・八重子(八重)〉より

時代祭の先陣、維新勤皇隊〈京都トリビアwebより〉

嵯峨野、文明開化の足音

明治時代～

慶応は明治という年号に改まり、鳥羽伏見の戦いから箱館戦争までの１年半における戊辰戦争で勝利を収めた新政府は、明治天皇の下に中央集権を図り、版籍奉還・廃藩置県等一連の改革をはじめました。日本を列強の植民地にならないように富国強兵を目指し、殖産興業を進めました。また「武士・百姓・町人」の職分制度を廃止し、徴兵令を発し国民皆兵制度を確立させました。

明治時代以降　1868年～

京都再興の情熱

東京遷都を計画しましたが、京都市民や京都残留の公家らはこれに猛反対し、御所周辺に参集して連日、御所お千度廻りを繰り返しました。明治天皇は正式に遷都を告げずに奠都だとして京都を離れます。御所を中心とした地域が空洞化し、神仏分離による廃仏毀釈で寺院の衰えも甚だしく、各本山が大打撃を受け支援者を失いました。経済・産業界も激しく沈滞します。天皇の東京行幸後、このままでは京都は衰退するという危機感を持ち復興を図ります。

「番組小学校」と殖産興業

　明治維新で危機に瀕した京都を立て直すため、真っ先に着手したのが小学校の創設でした。「番組小学校」は明治維新後の明治２(1869)年京都の町衆たちの手によって、住民自治組織であった「番組(町組)」を単位として、上京・下京で合わせて64の小学校が創設されました。京都府は、各番組に対して新築校舎の模範設計を示しています。

　次に京都再建をリードしたのが、京都府知事となり東京奠都後の京都復興に尽力した第2代知事槇村正直です。彼は京都府出仕時代の明治3(1870)年に、京都舎密局を設置し、石鹸・氷砂糖・ガラス・漂泊粉を始めとする様々な工業製品の製造指導や薬物検定を行いました。翌年勧業場を設置し近代的な殖産興業の施策を進め、京都博覧会を開催しました。同年、女子の職業教育を目的とした女紅場新英学校を丸太町に設立。明治9年、桂川東岸の葛野郡梅津大縄場町(松尾橋東詰あたり)にパピール・ファブリックと呼ぶ製紙工場を建設しています。設立にはドイツ人が大きく関わりましたが、京都府営の工場で外国資本は入っていません。外国人技師の招聘も積極的に行いました。

2代目知事 槇村正直

~紀元前130世紀頃	紀元前130世紀~紀元前4世紀頃	紀元前4世紀~3世紀中頃	3世紀後半~6世紀末	6世紀末~7世紀前半	710年~784年	784年~794年	794年~1185年	1185年~1333年	1336年~1573年	1573年~1603年	1603年~1868年	1868年~
旧石器	縄文	弥生	古墳	飛鳥	奈良	長岡	平安	鎌倉	室町	織豊	江戸	**明治時代~**

上京の第1番組、乾隆小学校。現在も継続して運営。

下京の第3番組、明倫小学校(明治時代の正門)
現在は京都芸術センター

明治9(1876)年創業時のパピール・ファブリック工場
五十嵐 久美「梅津パピールファブリクの歴史をたどる」、『百万塔』95号、紙の博物館、Webより

京都開発、琵琶湖疏水

京都は本格的な開発の時代に入ります。明治14年、第3代知事北垣国道は交通・エネルギー・飲料水問題解決のため、田辺朔郎を工事主任として巨額の資本を投入し琵琶湖疏水事業に着手します。明治22年疏水インクラインが完成し翌年竣工します。明治24年には我が国初の水力発電所である蹴上発電所が完成します。さらに明治27年には鴨川運河が伏見まで開通し、琵琶湖と淀川が直結し、京都・伏見間の動脈となります。

このように、京都の復興と振興策が人材育成(小学校の開設、女紅場の開設など)、情報の受発信(京都博覧会の開催)、産業振興(勧業場の創設、各業種の近代化)を軸に進められたことが分かります。

琵琶湖疏水(琵琶湖疏水記念館より)

琵琶湖疏水水路閣

3代目知事 北垣国道

田辺朔郎

嵯峨野、文明開化の足音

嵯峨野の風景

　明治初期、嵯峨野の風景が変わり始めました。すなわち嵯峨野などで林が荒れ始めます。その原因は剪定などを怠り美観維持の作業が行われなくなったことが原因です。明治維新までこの作業は幕府が行っていましたが、新政府はこれを怠っていました。大久保利通は、陳情を聞いて初めてこの事実を知り対応しました。

丹波材と嵯峨（明治）

　大堰川から筏できた丹波材の集荷所は、嵯峨・梅津・桂の3か所です。その3か所から京都市内に牛車で運ばれていました。明治17年丹波地方の有力な材木商人有志が、西高瀬川に筏を通す改修計画を京都府に陳情し、翌年に嵯峨・千本三条間の工事は完了します。西高瀬川水運を利用して丹波材・薪は容易に京都市内に運送できるようになりました。そのため丹波材・薪は嵯峨に集まったため下流の梅津・桂は衰微しました。さらに山地の山方材木商たちは、下嵯峨に江戸時代から設置していた直売店を会社組織にして、丹波材を一手に引き受けてその保管と委託販売を行いました。筏の保管場所として、府の補助金を受けて嵯峨五島町に1万坪の土地を購入し筏貯木場を完成させ、丹波材のほとんどをここに保管しました。貯木場跡は現在嵯峨美術大学になっています。

　明治33年、京都－園部間に京都鉄道が開通すると、丹波薪は汽車輸送に代わり、嵯峨さらに二条駅に集荷するようになりますが、嵯峨は依然として丹波薪の集散地として賑わっていました。

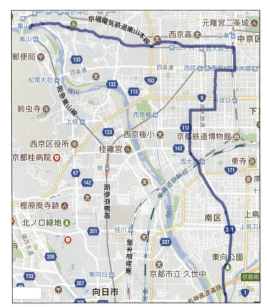
西高瀬川（Googleより）

貯木場跡を示す銘板（嵯峨美術大学　東横）

京都鉄道会社　二条駅初代駅舎

旧石器	縄文	弥生	古墳	飛鳥	奈良	鯛	平安	鎌倉	室町	織豊	江戸	明治時代～
～紀元前130世紀頃	紀元前130世紀～紀元前4世紀	紀元前4世紀～3世紀中頃	3世紀後半～7世紀	6世紀末～710年	710年～784年	784年～794年	794年～1185年	1185年～1333年	1336年～1573年	1573年～1603年	1603年～1868年	1868年～

馬車と鉄道（明治）

　京都の町から丹波・丹後に出て行く道路として、明治14年北垣知事は京都－宮津間の車道開削事業に着手しました。大宮七条から大枝村・亀岡町・園部町・大江町を経て、宮津に至る36里の難工事は明治22年に完成します。定期馬車が通うようになり、1泊2日が15時間半で行けることになりました。

　しかし、この頃には日本海側の主要都市である舞鶴市までの鉄道敷設が課題でした。田中源太郎らが発起人となり京都から舞鶴までの鉄道敷設を目的に京都鉄道会社を設立。明治28(1895)年に京都駅から綾部を経て舞鶴に至る鉄道免許を受けました。断崖絶壁に線路を通し、トンネル8箇所、橋梁は50箇所を越える保津峡の難工事も苦心の末成功し、明治33(1900)年に京都－園部間が開業します。旅客も年間100万人を突破しました。工事は現在の鹿島建設㈱となる鹿島組（初代組長鹿島岩蔵）が請け負いました。その後JR山陰本線になり、現在は嵯峨野観光鉄道のトロッコ列車の路線になっています。また、鉄道と陸運により筏と荷船が減少した水運利用は、保津川峡谷の自然美や変化に富んだ景観の魅力から、明治28年頃から遊船としての川下り（保津川下り）が始まり、国内はもとより海外からの人々で賑わっています。

現在のトロッコ列車

今も使われている京都鉄道のトンネル
現、トロッコ列車が使用（Web鹿島の軌跡より）

文明開化、そして富国強兵

　日本は2000年以上の歴史の中で、応仁文明の乱や戦国時代の内戦はありましたが、海外出兵は白村江の戦いと朝鮮出兵だけでした。また江戸時代には265年間、完全平和を築くという世界では前例のない国でしたが目の前に荒波が迫ってきました。その荒波に呑みこまれ、植民地になり粉々に砕け散るよりは、荒波を上手に乗るしか他に国を守る方法はありません。この巨大な暴力に立ち向かうためには、日本は白人列強と同レベルの国力を育成し、これをもって彼らに対抗する以外に道がなかったのです。

　欧米列強からの侵略や、超大国ロシアのあからさまに強引な南下政策から自衛する為には、富国強兵を早急に成し遂げる必要がありました。また、力が弱くなった清朝の属国である朝鮮がロシア領土になる前に、朝鮮の清朝からの独立を促し、満洲をめぐり大国ロシアと生死をかけた戦いに挑むことになりました。そして、朝鮮の清朝支配排除を懸け明治27～28(1894～1895)年、当時の大国清朝と日清戦争を戦い、さらにロシアの南下を防ぐため10年後の明治37～38(1904～1905)、日露戦争を戦いました。どちらの戦争にも勝利しました。それが無ければ恐らく日本は欧米列強の植民地になっていたでしょう。他のアジア・アフリカの諸国は植民地状態でしたが、日露戦争の約40年後の大東亜戦争（太平洋戦争）以降、独立を果たします。

嵯峨野、文明開化の足音

愛宕山鉄道（昭和）

　昭和2(1927)年、愛宕山の愛宕神社へ向かう参詣路線として愛宕山鉄道が建設されました。あわせて山麓の清滝に清滝遊園地が、また愛宕山頂にホテルや飛行塔のある愛宕山遊園地、スキー場、テント村などが設置されて賑わいました。しかし、世界恐慌の影響で業績が下降し、再建が試みられました。その後、戦時中に全線が不要不急線に指定され廃線となり、平坦線の清滝トンネルは戦時下三菱重工業の分工場として航空機部品工場となり、戦後も復活することなく、現在バス道（清滝道）となっています。鋼索線の機材は傘松ケーブル（天橋立鋼索鉄道）に転用されました。廃線と同時に、ホテルなどの観光施設もすべて閉鎖され復活することなく、愛宕山地区のリゾート施設は幻と消えました。今は清滝バス停近くの金鈴橋の隣にケーブル清滝川駅跡の標識があり、愛宕山頂上近くの水尾別れの東には廃墟になった愛宕駅舎があります。

　また、昭和4年から11年にかけて、清滝川に舟運がありました。「保津のおと舟、清滝のやんちゃ舟」といわれ、清滝の観光客増大を見込み、嵐峡下りの延長・清滝川（金鈴峡）下りが運行されていました。

愛宕山鉄道沿線案内図

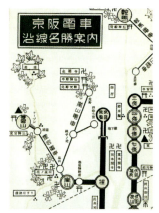
愛宕山鉄道（京阪電車）の沿線案内図

遊園地

清滝川の水運

愛宕駅舎の跡

山荘設計（昭和）

　昭和9(1934)年、映画俳優の大河内傳次郎が34歳のとき、当時長期保存が難しかったフィルムに対し、永く消えることのない美を追究するため、自身で設計した庭の造営を始めました。映画出演料の大半を注ぎ込み64歳で亡くなるまで、30年の歳月をかけて作り上げた庭園が大河内山荘であり、そこから野宮神社までの竹林の道も人気があります。

大河内山荘

竹林の道

戦後の嵯峨野
──「大映通り商店街」と「東映太秦映画村」

　昭和42年に出来た「大映通り商店街」は、太秦広隆寺から帷子ノ辻に至る全長約700mの商店街です。かつてこの界隈には大映をはじめ映画の撮影所が立ち並んでいたことから、商店街には撮影の合間に映画スターが衣装のままで通りを歩いていたとか、有名監督の作品に出演経験をもつ名物店主がいるなど、さまざまな"映画"にまつわるエピソードが息づき、"キネマストリート"の名でも親しまれています。かつてこの地域は広大な竹藪が平がっていましたが、松竹、新興キネマ、大映、東映、日活等が撮影所を建設します。この商店街の中にある「三吉稲荷神社」は、竹藪が切り払われて行き場をなくした狐や狸の慰霊のために建立されました。境内には「日本映画の父」と呼ばれている牧野省三の顕彰碑があります。また、商店街のスーパーには大映京都撮影所で1966年から制作された元祖特撮映画「大魔神3部作」のヒーロー大魔神が建っています。

　東映は1960年代後半から映画、特に時代劇が斜陽になったことから、京都撮影所のオープンセットを維持するため「東映太秦映画村」として昭和50(1975)年に開村・公開しました。時代劇の殺陣ショーや俳優のトークショー・撮影会・握手会などのほか、村内に再現された江戸の町などでは、実際のテレビや映画の撮影が行われ、ナマの撮影を見学することができます。

三吉稲荷神社

「今の嵯峨野」が誕生したポイント

嵯峨野は古来、高燥と桂川の氾濫などにより水田農業に適さなかった土地でしたが、太秦を拠点としていた渡来(帰化)人の秦氏の治水技術によって開発が進められ、約6世紀頃から人口移入・人口拡張がありました。

平安京に遷都された桓武天皇。次代の平城天皇は病弱のため嵯峨天皇に譲位されました。しかし平城上皇は執政権を持つため、平安京を廃して平城京遷都の詔勅を出し嵯峨天皇側と対立しました。結果、薬子の変で嵯峨天皇側が勝利しました。もし、平城上皇側が勝利していたら、平安京や嵯峨野は今の状態ではなかったでしょう。

上嵯峨は風光明媚なため、天皇や大宮人たちの絶好の遊猟、行楽地でした。嵯峨天皇が離宮嵯峨院を造営され、崩御後に大覚寺になりました。その後、嵯峨野は「禁野」とされ、貴族・文人等による狩猟・薬草狩り・桜や紅葉狩りから別業地になって行きます。また、念仏浄土、寺社参詣の世界が上嵯峨の清凉寺や化野で盛んになってきます。『源氏物語』や『平家物語』にも登場します。

鎌倉時代中期に後嵯峨上皇が小倉山山麓に亀山殿(嵯峨殿)と呼ばれる大規模な寝殿造の離宮を造営され、内裏歌壇が復活します。嵯峨はこの頃から大堰川の材木流通の基地として、本格的な都市形成が始まったと考えられます。

室町幕府の足利尊氏が亀山殿跡に天龍寺を造営しました。また、妙心寺などの巨大寺院が造営されます。都市経済の面では、大堰川舟運は幕府などに保証され、津としての機能も維持されていました。嵯峨野は単独でも一大都市として存在していました。その後、応仁・文明の乱で嵯峨野は焼失します。復興の兆しは、豊臣秀吉の出現です。

江戸時代初頭に角倉了以が保津川を開削して以後、嵯峨野の風景が大きく変わります。嵯峨は丹波と京都をつなぐ水運の要地となり、木材などを扱う問屋などが並ぶようになりました。また、角倉隧道の完成により、農業用水として北嵯峨一帯を潤し続けています。
文化・観光の面では、角倉素庵が『嵯峨本』を出版したり、松尾芭蕉などが嵯峨野を訪れたり、愛宕参りも盛んになり観光がブームになります。

明治時代以後、明治36年に葛野郡嵯峨村となり、大正12年に嵯峨町となって、昭和6年に京都市に編入されました。その後、昭和45年に新丸太町通が開通して以来、急速に都市開発されました。

今や国内だけではなく、世界各地の人々に感動を与える「fantastic」な場所となっています。私達はこの財産の価値をさらに高め、後世の方々に引継ぐ義務があります。

参考図書(下記の文献・図書を参考にしました)
* 「京都歴史散策ガイドブック」京都市文化市民局・(公財)京都市埋蔵文化財研究所
* 「京都嵯峨野の遺跡」、「嵯峨野における秦氏の到来期について」
　(公財)京都市埋蔵文化財研究所　東 洋一・加納敬二
* 「世界遺産を掘る−天龍寺−」(公財)京都市埋蔵文化財研究所　内田好昭
* 「嵯峨大念佛狂言」五台山清凉寺(嵯峨釈迦堂)・嵯峨大念佛狂言保存会
* 「日本中世の首都と王権都市」文理閣・山田邦和
* 「京都の歴史(1〜8)」京都市
* 「京都府の歴史」山川出版社・朝尾直弘他
* 「桂川嵐山地区の歴史的変遷」近畿地方整備局淀川河川事務所
* 「中世嵯峨の都市的発展と大堰川交通」都市文化研究3号・大村拓生
* 「京都を楽しむ　地名・歴史事典」PHP研究所・森谷尅久
* 「愛宕山と愛宕まいり」京都愛宕研究会
* 「角倉了以翁没400周年記念企画「了以伝」」保津川遊船企業組合Web
* 「古墳時代のムラ」(公財)長岡京市埋蔵文化財センター
* 「名勝・嵐山の渡月橋」(公社)日本河川協「河川文化66号」・鈴木康久
* 「京童から町衆へ」講談社現代新書・林屋辰三郎、加藤秀俊
* 「昭和京都名所圖會・洛西」駸々堂・竹村俊則
* NPO法人さらんネット機関誌①②⑦⑧⑨⑩⑪⑫殿西幸弘、宮本博司、春田正弘、加納敬二

嵯峨大念佛狂言

　壬生寺、引接寺（千本閻魔堂）と並んで、京都の三大念佛狂言として知られている清凉寺の嵯峨大念佛狂言は、国指定重要無形民俗文化財で、毎年五台山清凉寺（嵯峨釈迦堂）の境内にある狂言堂で春季公演（4月）、秋季公演（10月）が行われています。また、3月15日の清凉寺お松明式、11月の嵐山もみじ祭では桂川畔での公演があります。

　保存会が所蔵する古面に享禄2年（1529）の墨書があることから、室町時代には能面を使用した狂言が行われたことが分かります。

　壬生狂言同様、無言劇であり、狂言方のほか囃子方と後見があります。囃子方は、鉦、太鼓、笛で構成され、鉦（カン）と太鼓（デン）による「カン・デン・（休み）・デン・カン・デン・デン・（休み）」と「カン・デン・デン・デン・カン・デン・デン・（休み）」という2種類のリズムが基本となっています。鬼や蜘蛛の登場や立ち回りの際には「ハヤガネ」と呼ばれる鉦の連打があります。横笛は九孔（通常は七孔か六孔）の大変珍しいものです。後見は舞台上で役者の着替えを手伝ったり小道具の世話をしたりします。

　演目は「カタモン」と「ヤワラカモン」の2種類に分けることができ、カタモンは能楽系の演目で、ヤワラカモンは狂言仕立てのコミカルな要素を持った演目を指します。

〈カタモン〉
「土蜘蛛」「羅生門」「大江山」「熊坂」「橋弁慶」「船弁慶」「大仏供養」「道成寺」「紅葉狩」「夜討曾我」「百萬」

〈ヤワラカモン〉
「花盗人」「愛宕詣」「釈迦如来」「とろろ」「縛り坊主」「大黒狩」「大原女」「蟹殿」「餓鬼角力」

　嵯峨の念佛狂言は、他の狂言に比べておおらかな古風さをよく伝えており、その点でも貴重なものです。特に、「釈迦如来」は、嵯峨大念佛狂言のみの演目として注目されます。

開催日	[春季公演]4月の第1週の日曜日、第2週の土曜日と日曜日の3回　[秋季公演]10月26日に近い日曜日 [清凉寺お松明式]3月15日　11月の嵐山もみじ祭の開催日　その他 詳しくは、ホームページをご覧下さい。http://www.sagakyogen.info

演目の解説：（例：「釈迦如来」）　●仏も坊主も恋の逃避行●

お釈迦様もお坊さんも民衆と同じ人間で、煩悩だらけだということです。

お坊さん（向かって左）と寺侍が、釈迦如来を本堂に据えてお守をします。

ある日、お寺に美しい母親とおかめ顔の娘がお参りに来ます。（しばらく、舞台左手の母娘と、右手の堂内の描写が続きます）

まず母親が釈迦如来を拝むと、釈迦如来は嬉しそうにガッテンガッテンのお辞儀をします。

次に娘がお参りしますが、釈迦如来は、ソッポを向いてしまいます。
娘は怒って、泣きながら母親のもとに帰ります。

お坊さんと寺侍は、釈迦如来を元に戻そうとしますが、釈迦如来はびくともしません。

お坊さんと寺侍は、母親にもう一度釈迦如来を拝んで向きを戻してもらうよう頼みます。
母親が拝むと、釈迦如来は母親と肩を組んでどこかへ行ってしまいます。

釈迦如来がいなくなった堂内では、お坊さんがとっさに釈迦如来になりすまします。
寺侍が拝むと、お坊さんの釈迦如来はソッポを向いてしまいます。
寺侍が元に戻そうとしますが、動きません。

寺侍は、娘にお坊さんの釈迦如来を拝んでもらい、向きを戻してもらうよう頼みます。
お坊さんの釈迦如来は、娘が拝むと嬉しそうに拝み返します。
その挙句、娘を連れてどこかへ行ってしまいます。

一人残された寺侍は、釈迦如来のふりをしますが、拝む者もなく、しかたなく帰っていきます。

嵯峨野、ヒストリーウォーキング・なび

本書で取り上げた主な遺跡や史跡を時代ごとにピックアップしました。ウォーキングのヒントにしてください。

- その1 古墳時代
- その2 飛鳥・奈良時代
- その3 平安時代
- その4 鎌倉・室町時代
- その5 江戸時代

地図は大まかな目安です

嵯峨野、ヒストリーウォーキング・なび

その1 古墳時代の嵯峨野を歩く　参考ページ P20~21

市バス「宇多野ユースホステル前」

① **御堂ケ池1号墳**(さざれ石山に移築) 〔鳴滝音戸町〕 事前に京都市文化財保護課 075-366-1498
● 径30mの京都市内最大級の円墳。

↓

② **印空寺古墳** 〔印空寺境内〕 府道29号沿い(道から見える)
● 山越古墳群の一つで径25m、高さ4mの円墳で、主体部は横穴式石室。

↓

③ **山越古墳群 3基**(広沢池東、庭園平安郷内) 〔嵯峨広沢池下町〕 一般公開期間限定 075-872-3550
● 3基は三角形に並んでいる。13号墳は径13mの円墳。

↓

④ **広沢古墳群**(堀川高校グランド内、グランド使用中のみ) 〔嵯峨広沢池下町〕
● 2号墳石材の隣の祠内に人面石が安置されています。

↓

⑤ **嵯峨七ツ塚古墳群(2号墳~7号墳)**(北嵯峨高校北東の農地一帯) 〔北嵯峨洞ノ内町〕
● 農地一帯に分布する古墳群で7基からなりますが、1号墳は消滅しています。

↓

⑥ **大覚寺古墳群**(大覚寺南東) 〔北嵯峨高校周辺〕
● 1号墳(円山古墳)〈高校北隣、嵯峨大覚寺門前登リ町〉京都でも有数の大型横穴式石室が完存〉
● 2号墳(入道塚古墳)〈高校校舎の東、ほぼ校舎内、嵯峨大沢柳井手町〉横穴式石室の天井石が露出〉
● 4号墳(狐塚古墳)〈高校南200m竹林の中、嵯峨大覚寺門前登リ町〉墳丘、横穴式石室、ほぼ完存〉
● 3号墳(南天塚古墳)〈グラウンド下に保管されており、雨が降ると古墳の形状が浮かび上がる〉

↓

大覚寺から市バス

嵯峨野、ヒストリーウォーキング・なび

その2　飛鳥・奈良時代の嵯峨野を歩く

嵐電　蚕の社駅

① **木嶋神社「蚕の社」** 右京区太秦森ケ東町 〈飛鳥時代〉　参考ページ P26
　●秦氏の氏神、本殿西に三柱鳥居があります。

② **大酒神社** 右京区太秦蜂岡町　参考ページ P27
　●太秦一帯を開発した秦氏の氏神：太秦明神。現在は広隆寺の東隣。

③ **広隆寺** 右京区太秦蜂岡町 〈飛鳥時代〉　参考ページ P25・27
　●秦河勝が聖徳太子から仏像を授かり建立した蜂岡寺(葛野廃寺)で、本尊は聖徳太子です。

嵐電　太秦広隆寺駅　⇒　嵐山駅

④ **大井神社**(渡月橋北詰すぐ東) 右京区嵯峨天龍寺造路町　参考ページ P27
　●秦氏の葛野大堰と関連があると言われています。

⑤ **一ノ井堰碑**(渡月小橋を南へ、渡月亭を東入) 西京区嵐山上河原町　参考ページ P27
　●この下に、東一ノ井川と西一ノ井川の取入れ口があります。

⑥ **法輪寺**(渡月橋南、嵐山中腹) 西京区嵐山虚空蔵山町 〈奈良時代〉　参考ページ P27
　●行基創建の葛井寺を、空海の弟子道昌が虚空蔵菩薩を安置し、法輪寺としました。

⑦ **松尾大社** 嵐山宮町 〈飛鳥時代〉　参考ページ P27
　●秦氏が奉斎していた神社。社殿背後に霊泉「亀の井」があります。

阪急電車　嵐山線　松尾大社駅

嵯峨野、ヒストリーウォーキング・なび

その3 平安時代の嵯峨野を歩く

市バス「嵯峨小学校前」または「嵯峨釈迦堂」

① **二尊院** 天台宗　[右京区嵯峨二尊院門前長神町]　〈平安時代初期〉　[参考ページ] P35・48
- 参道は紅葉の名所、百人一首ゆかりの藤原定家が営んだ時雨亭跡と伝わる場所があります。

▼

② **宝筐院** 臨済宗の単独寺院　[右京区嵯峨釈迦堂門前南中院町]　〈平安時代中期〉　[参考ページ] P43
- 嵯峨野のもみじの寺、室町幕府2代将軍・足利義詮と南朝の忠臣・楠木正行の菩提寺です。

▼

③ **清凉寺・嵯峨釈迦堂（棲霞寺）** 浄土宗　[右京区嵯峨釈迦堂藤ノ木町]　〈平安時代中期〉　[参考ページ] P43・63・67
- 嵯峨天皇の皇子、左大臣源融の別荘・棲霞観を融の没後棲霞寺として草創。

▼

④ **大覚寺（嵯峨離宮）** 真言宗大覚寺派　[右京区嵯峨大沢町]　〈平安時代初期〉　[参考ページ] P35・43
- 嵯峨天皇の離宮を寺に改めた皇室ゆかりの寺院で、日本の政治史に深い関わりがあります。

▼

⑤ **車折神社**　[右京区嵯峨朝日町]　〈平安時代末期〉　[参考ページ] P43
- 境内社の芸能神社は天宇受売命を祀っており、芸能の人々より崇敬を受けています。

嵐電　車折神社駅　⇒　御室仁和寺駅

▼

⑥ **仁和寺** 真言宗御室派　[右京区御室大内]　〈平安時代前期〉　[参考ページ] P41
- 開基は宇多天皇門跡寺院で、「御室御所」と称されました。

▼

⑦ **法金剛院** 律宗　[右京区花園扇野町]　〈平安時代後期〉　[参考ページ] P41
- 境内の浄土式庭園の一隅にある青女の瀧は、日本最古の人工滝で、国の特別名勝に指定。

JR嵯峨野線　花園駅

嵯峨野、ヒストリーウォーキング・なび

その4 鎌倉・室町時代の嵯峨野を歩く

市バス「嵯峨釈迦堂」

① **厭離庵** 臨済宗天龍寺派の尼寺 〈嵯峨二尊院門前善光寺山町〉〈鎌倉時代初期〉 参考ページ **P48**
- 公家藤原定家の小倉山荘跡と伝えられています。11月1日～12月7日公開。他は要予約。

▼

② **天龍寺** 臨済宗天龍寺派大本山 〈嵯峨天龍寺芒ノ馬場町〉〈室町時代（南北朝時代）〉 参考ページ **P56・62**
- 足利尊氏が後醍醐天皇の菩提を弔うため、大覚寺統（亀山天皇の系統）の離宮であった「亀山殿」を寺に改めたのが天龍寺です。

▼

③ **臨川寺** 臨済宗天龍寺派 〈嵯峨天龍寺造路町〉〈鎌倉時代（建武の新政）〉 参考ページ **P51・59**
- 「亀山殿」の一部で「川端殿」と呼ばれていた所で、後醍醐天皇が夢窓疎石を開基として建立。

▼

④ **鹿王院** 臨済宗系の単独寺院 〈嵯峨北堀町〉〈室町時代〉 参考ページ **P58**
- 足利義満が建立した宝幢寺という寺の塔頭でしたが、応仁・文明の乱で廃絶。塔頭であった鹿王院のみが残りました。

▼

嵐電　鹿王院駅　⇒　龍安寺駅

⑤ **龍安寺** 臨済宗妙心寺派 〈龍安寺御陵下町〉〈室町時代〉 参考ページ **P57**
- 枯山水の「石庭」が有名で、英国のエリザベス2世が1975年に公式訪問した際、龍安寺の石庭を絶賛。

▼

⑥ **妙心寺** 臨済宗妙心寺派大本山 〈花園妙心寺町〉〈室町時代〉 参考ページ **P57**
- 山内塔頭は37か院ですが、一般公開しているのは退蔵院、桂春院、大心院です。

▼

JR嵯峨野線　花園駅

嵯峨野、ヒストリーウォーキング・なび

その5 江戸時代の嵯峨野を歩く

最寄り　京都バス「鳥居本」

① **嵯峨鳥居本**　国の重要伝統的建造物群保存地区　　参考ページ P78
● 現在の町並みは愛宕神社の鳥居前町として発展。一之鳥居や化野念仏寺があります。

▼

② **落柿舎**（嵯峨小倉山緋明神町）　　参考ページ P78
● 芭蕉がその門人の中でも最も信頼を寄せていた去来(1651〜1704)の営んだ庵です。

▼

③ **常寂光寺**　日蓮宗の仏教寺院（嵯峨小倉山小倉町）　　参考ページ P77
● 境内の庭園には200余本のカエデが植えられ、秋は全山紅葉に包まれます。角倉家などが土地を寄進。

▼

④ **天龍寺弘源院**　天龍寺塔頭寺院　　参考ページ P86
● 本堂は客殿形式で寛永年代の造営。蛤御門の変に関連し、柱に刀傷が残っています。

▼

⑤ **亀山公園(嵐山公園)**（嵯峨亀ノ尾町）　　参考ページ P76・85
● 公園内に、江戸初期の角倉了以と幕末の村岡局の像があります。2人とも嵯峨の人です。

▼

⑥ **大悲閣千光寺**（西京区嵐山中尾下町）　　参考ページ P76
● 当初は清涼寺近くの後嵯峨天皇の祈願所でしたが、角倉了以が大堰川の開削工事で亡くなった人々を弔うために現在地に移転。

▼

⑦ **花のいえ**(公立学校共済組合嵐山保養所)（嵯峨天龍寺角倉町） 見学不可です。　参考ページ P76
● 角倉了以が設けた舟番所・邸宅の趾が花のいえで、敷地で約1,500坪あります。

▼

⑧ **角倉稲荷神社**（花のいえの北側）　　参考ページ P76
● 公園一体となった小さな神社。長慶天皇嵯峨東陵の南側で、社殿と背中合わせに安倍晴明墓所があるという歴史集中スポット。

協賛を頂いた皆様です
（順不同、敬称略）

佐野　　　敦	京都市左京区
廣瀬　健一	京都市西京区
安宅　光雄	大阪府箕面市
大藤　孝郎	京都市右京区
殿西　幸弘	京都市西京区
中村　吉男	京都市西京区
春田　正弘	京都市右京区
松浦　　巌	京都市上京区
河合　康博	京都市南区
豊田　康晴	名古屋市名東区
山本　康夫	京都市中京区
松岡　房之助	京都市山科区
塚野　ひろ美	大阪府豊中市
佐竹　宏文	東京都台東区
加納　敬二	京都市右京区
大西　賢市	京都市右京区
高畑　好子	京都市伏見区
中路　淑子	京都市西京区
宇都宮　壮一	京都市右京区
山本　哲夫	京都市西京区
松岡　幸子	京都市西京区
藤田　裕之	京都市西京区
久下　五十鈴	京都市右京区
西村　喜代子	大阪市西成区
原田　典子	滋賀県守山市
川﨑　慶子	京都市西京区
奥島　　敢	神戸市灘区
大島　　仁	京都府宇治市
大川　和一	京都市中京区
山崎　智美	大阪市城東区
清水　美智子	大阪市東淀川区
森　美代子	京都市右京区
辻本　義信	京都市右京区
北川　雄也	大阪府吹田市
戸山　詠美	京都市西京区
根木　大助	京都市右京区
中井　澄江	札幌市白石区

京都 妙心寺 退蔵院

臨済宗大本山妙心寺派の「退蔵院」は、応永11(1404)年に建立された山内屈指の古刹です。

境内には、国宝「瓢鮎図」(模本)や史跡名勝・枯山水庭園「元信の庭」、そして四季折々の景色が美しい池泉回遊式庭園「余香苑」などがあります。

●拝観時間:9時〜17時(閉門) ●拝観料:大人500円、小中学生300円

〒616-8035 京都市右京区花園妙心寺町35(JR花園駅7分)／電話075-463-2855

公式WEBサイト:http://www.taizoin.com/

くし焼 狄(てき) 淡路町店

大阪市中央区淡路町2丁目2-2 タケウチアバクスビル1階〈堺筋本町〉

電話 06-6208-0277 【営業時間】11時〜14時30分・17時〜22時30分

鉄鋼2次製品卸・各種工作機械販売

メッシュパレット他各種ラック販売・有機物堆肥化装置取扱

海外進出／開発援助に関するコンサルティング

株式会社 オオマエ

〒541-0048 大阪市中央区瓦町2丁目1番15号
TEL:090-1027-7374　FAX:06-6227-0080
e-mail:teruo.omae@gmail.com

嵐山 なか川

嵯峨 天龍寺
TEL(075)406-0383

嵐電嵐山駅西側の交番脇の細い路地にある、落ち着いた雰囲気の隠れ家。

静かにゆったりと京の味をあじわってください。(定休日は水曜日、第3週は水・木が連休)

京都手作り桶屋

桶 徳

香りと木目の美しさが癒してくれます

風呂桶、おひつ、食器・皿、酒器、ワインクーラー
ご購入は下記サイト

http://oketoku.ocnk.net

「介護」と「移動」を提供し、外出や社会的参加のサポートをしています。

株式会社 キャビック

〒615-0907 京都市右京区梅津段町8番地
(コールセンター)TEL:075-864-2100 FAX:075-881-3137
HP:http://www.cabik.co.jp/(タクシー)
http://www.cabikcare.jp/(福祉)

仁左衛門の湯 周辺マップ

歴史浪漫にひたる

京都 桂温泉
仁左衛門の湯
源泉2本のかけながし
〒615-8165 京都市西京区樫原盆山5番地
TEL 075-393-4500
http://www.nizaemon.com

ヨイミチ
4137 つくります
WithEPO 工法®

ウィズエポ工法®を導入して、マンホールレスキュー隊®を編成しませんか？

 株式会社 WithEPO（ウィズエポ）

代表取締役　椿森　信一

〒612-0829　京都市伏見区深草谷口町31-3
TEL:075-641-4137　　FAX:075-645-2882
090-5884-8331　　tsubaki@withepo.jp

ほっ！と ひといき お茶時間

Café Ranzan

阪急嵐山駅前
カフェ・らんざん

営業時間　年中　AM9:00～PM9:00
京都市西京区嵐山西一川町8-3
TEL/FAX　075-861-0251

整形外科／リハビリテーション科

U 内田整形外科

京都市北区衣笠北天神森町24-3（京都スバル金閣寺店北）

電話　075-461-3330

診察時間　午前8時30分〜12時
　　　　　午後5時〜7時30分

休 診 日　水曜・土曜の午後　日曜・祝日

はいくのどうぶつえん

読む人がそれぞれに
物語をつくることができる俳句。
6人のクリエイターたちが
ねんてん先生の俳句から
オリジナルな物語を描いた
いままでにないユニークな俳句の絵本！

B5判
1,500円
（税別）

お求めは
●象の森書房へ直接メール、FAXで（送料無料）
　Mail:zonomori@shinla.co.jp　Fax:06-6131-5780
●アマゾン、有名書店でも販売。

株式会社シンラ　象の森書房
大阪市北区中之島3-5-14LR中之島8F
tel:06-6131-5781

税に関する身近なこと　お気軽にどうぞ

林佳弘税理士事務所

所長　林佳弘

〒604-0822

京都市中京区堺町通二条下る杉屋町629

Tel:075-221-1828　Fax:075-223-1954

内科・小児科・整形外科・アレルギー科

請田医院

医院長　　請田　修一

京都市右京区太秦森ケ西町
TEL (075)872-5757

内科／外科／整形外科／形成外科／皮膚科
循環器内科／消化器外科／リハビリテーション科

特定健診　会社健康診断　人間ドック　訪問診療

内田病院

松尾橋東詰　内田病院 京都 電話**882-6666**

京を漬ける。

土が原点。
京都太秦
「もり」の
京つけもの。

■本社・三条店
京都市右京区西院金槌町15-7(西大路三条西)　TEL.075-802-1515
■太秦本店
京都市右京区太秦桂ヶ原町17　TEL.075-872-1515
■嵐山店
嵐電嵐山駅はんなり・ほっこりスクエア　TEL.075-861-7336
■松尾大社店
京都市西京区嵐山宮町3 松尾大社境内　TEL.075-865-0105

京つけもの